Para

com votos de paz

Adilton Pugliese
&
Equipe do Projeto
Manoel Philomeno de Miranda

Reuniões doutrinárias e mediúnicas no Centro Espírita

Planejando e organizando com qualidade

Salvador
4. ed. – 2016

4. ed. – 2016
2.000 exemplares – (milheiros: do 8º ao 9º)

Revisão: Plotino Ladeira da Matta
Adriano Mota Ferreira
Editoração eletrônica: Ailton Bosco
Capa: Cláudio Urpia
Coordenação editorial: Prof. Luciano de Castilho Urpia

Produção gráfica:
LIVRARIA ESPÍRITA ALVORADA EDITORA
Telefone: (71) 3409-8312/13 – Salvador, BA
E-mail: <leal@mansaodocaminho.com.br>
Homepage: www.mansaodocaminho.com.br

Dados Internacionais de Catalogação na Publicação (CIP)
(Catalogação na Fonte)
BIBLIOTECA JOANNA DE ÂNGELIS

P978 PUGLIESE, Adilton.
Reuniões doutrinárias e mediúnicas no Centro Espírita.
4. ed. Adilton Pugliese [*et al.*]. Salvador: LEAL, 2016.
128 p.
ISBN: 978-85-8266-143-7
1. Espiritismo 2. Centro Espírita 3. Mediunidade
I. Pugliese, Adilton II. Neves, João III. Ferraz, José
IV. Calazans, Nilo V. Título.

CDD:133.90

Impresso no Brasil
Presita en Brazilo

SUMÁRIO

CAPÍTULO III
REUNIÕES MEDIÚNICAS SÉRIAS

"(...) Estudemos Allan Kardec, ao clarão da mensagem de Jesus Cristo, e, seja no exemplo ou na atitude, na ação ou na palavra, recordemos que o Espiritismo nos solicita uma espécie permanente de caridade – a caridade da sua própria divulgação."

(XAVIER, Francisco. C.; VIEIRA, Waldo; Emmanuel [Espírito]; LUIZ, André [Espírito]. *Estude e Viva.* 3. ed. Rio de Janeiro: FEB, 1972. p. 229.)

❖

"A mediunidade é coisa santa, que deve ser praticada santamente, religiosamente."

(KARDEC, Allan. *O Evangelho segundo o Espiritismo.* 110. ed. Rio de Janeiro: FEB, 1995. p. 367.)

❖

"As reuniões espíritas de qualquer natureza devem revestir-se do caráter elevado da seriedade."

(MIRANDA, Manoel P. de. *Nos Bastidores da Obsessão.* 1.ed. Rio de Janeiro: FEB, 1970, p. 44.)

Qualidade no Centro Espírita

Pode-se afirmar com muita propriedade que o Centro Espírita é a célula pulsante e básica do Movimento Espírita. Nele se estruturam os elevados comportamentos doutrinários, objetivando a construção da sociedade justa e feliz pela qual todos anelamos.

Foi Allan Kardec o iniciador do Centro Espírita, quando criou a Sociedade Parisiense de Estudos Espíritas, no dia 1º de abril de 1858, oferecendo-nos o modelo do que devem ser as instituições dedicadas ao estudo e à prática da Doutrina Espírita.

As avançadas conquistas do pensamento, da educação, da metodologia do ensino, da comunicação, da ciência e da tecnologia nestes dias, de forma alguma propuseram contribuições mais valiosas que aquelas, e que se tornem capazes de substituir o notável Regulamento que o codificador apresentou para a sociedade, no ano referido. Pelo contrário, constatamos que os seus capítulos e artigos são portadores de grande atualidade, podendo constituir, ainda hoje, diretriz de segurança para qualquer grupo seriamente interessado no aprofundamento dos temas e na vivência da grandiosa Doutrina.

Não obstante, o caro confrade Adilton Pugliese, estudioso dedicado e espírita sincero, que vive nobremente os paradigmas e propostas doutrinários, reuniu, no presente livro, valiosas contribuições que enriquecem ainda mais a programação e a organização do Centro Espírita, utilizando-se de subsídios valiosos, que são resultados da experiência e do comportamento de abnegados seareiros, bem como dele próprio.

Trata-se de um trabalho muito prático, oportuno e fácil de ser aplicado, vazado em linguagem escorreita, mas não rebuscada, simples, sem ser popularesca, propondo diretrizes e orientações muito seguras que irão contribuir para uma programação séria e de resultados valiosos para a divulgação do pensamento espírita, partindo da sua célula-mãe.

Com muita propriedade, acentuou Allan Kardec: "[...] ***Para o objetivo providencial, portanto, é que devem tender todas as sociedades espíritas sérias, grupando todos os que se achem animados dos mesmos sentimentos...*** " (Grifamos.)

E logo depois acentuou com a sua pena sábia: "[...] ***Essa a estrada pela qual temos procurado com esforço fazer que o Espiritismo enverede. A bandeira que desfraldamos bem alto é a do Espiritismo cristão e humanitário, em torno da qual temos a ventura de ver, em todas as partes do globo, congregados tantos homens, por compreenderem que aí é que está a âncora de salvação, a salvaguarda da ordem pública, o sinal de uma era nova para a humanidade...*** " (Grifamos.)

(KARDEC, Allan. *O Livro dos Médiuns.* 61. ed. Rio de Janeiro: FEB, 1995 – Capítulo XXIX, Item 350.)

O caro leitor terá oportunidade de constatar, de per si, o que acima afirmamos e aplicar na sua Casa Espírita, a fim de colher resultados abençoados.

Salvador, Bahia, 29 de agosto de 2001.
(170º aniversário de nascimento do Dr. Adolfo Bezerra de Menezes.)

Nilson de Souza Pereira
Presidente do Centro Espírita Caminho da Redenção

AGRADECIMENTOS E HOMENAGENS (*)

À Federação Espírita do Estado da Bahia (FEEB), no ensejo do seu 86º ano de existência (25/12/1915 – 25/12/2001), que tem promovido as oportunas *oficinas* para o aperfeiçoamento das atividades dos centros espíritas, durante os Encontros Estaduais de Espiritismo, das Alianças Regionais (ARES) e Uniões Distritais Espíritas (UDES), e que inspiraram a elaboração deste livro.

Ao Centro Espírita Caminho da Redenção (CECR), exemplo ideal de qualificação das atividades espíritas, na passagem do seu 54º aniversário (7/9/1947 – 7/9/2001).

Nossa homenagem à segunda obra da Codificação Espírita, *O Livro dos Médiuns*, lançada há 140 anos, em janeiro de 1861, em Paris, por Allan Kardec.

(*) Os agradecimentos e homenagens foram propostos pelo autor tendo como referência o ano de 2001, quando essa obra foi lançada (nota da Editora).

CAPÍTULO I

1 DIVULGAÇÃO ESPÍRITA – *Vianna de Carvalho*

2 ÁREA DOUTRINÁRIA – *Divaldo P. Franco*

3 DIVULGAÇÃO DOUTRINÁRIA – *DOS ANAIS DO IV CONGRESSO ESPÍRITA DA BAHIA – Federação Espírita do Estado da Bahia (FEEB) – 1978*

4 DIRETRIZES DA DINAMIZAÇÃO DAS ATIVIDADES ESPÍRITAS – *Federação Espírita Brasileira (FEB)*

5 O EXEMPLO É O MAIS PODEROSO MEIO DE PROPAGAÇÃO – *Allan Kardec*

1

Divulgação espírita

Vianna de Carvalho[1]

Observamos o crescimento vertiginoso nos meios de comunicação, notadamente televisivo, da presença das religiões, com o intuito de influenciar na formação religiosa, cultural, política e social da população; dentro deste contexto, qual deverá ser o papel da mídia espírita?

"Todo ensinamento bom encontra guarida nas criaturas e as edifica. Embora não nos pareçam corretas determinadas condutas na mídia religiosa, de certa forma preenchem os espaços que estavam sendo utilizados para o sexo alucinado, para as paixões subalternas, para os comportamentos asselvajados, para o exibicionismo vulgar e para os estímulos perturbadores. Pelo menos são ensinadas lições de dignificação, condutas não viciosas, apresentadas renovações morais à luz do Evangelho, respeito aos bons costumes e convites à reflexão. Os danos que possam apresentar parecem-nos menores do que os prejuízos anteriores, infelizmente ainda prosseguindo em outros horários e em diferentes canais, inclusive naqueles que são de orientação religiosa.

1. FRANCO, Divaldo; CARVALHO, Vianna de [Espírito]. *Atualidade do Pensamento Espírita*. 1. ed. Salvador: LEAL, 1998. Questão 220, p.179.

"O Espiritismo não deve competir, nem se propõe a campeonatos de glorificações terrenas, mas tem uma mensagem nobre a oferecer, e cumpre aos espíritas o dever de propô-la, convidando a pessoa lúcida ou sofrida, culta ou limitada em conhecimentos a ter opção para discernir e examinar.

"Sem a preocupação nem a presunção de salvar o mundo ou as pessoas, cabe aos espíritas a atitude de contribuir para que a Humanidade seja melhor e mais justa, **e a divulgação da Doutrina, bem como a sua conduta moral nela baseada, são os meios hábeis e sábios para tal cometimento.**

"Portanto, todo esforço que vise à edificação do ser humano deve ser envidado, particularmente, mediante a iluminação das consciências através do Espiritismo." (Grifos do organizador.)

2

ÁREA DOUTRINÁRIA

Divaldo Pereira Franco

(...) Chegou-se à conclusão de que o esvaziamento nas reuniões doutrinárias, em Centros Espíritas, decorre: 1º) da falta de esclarecimento das pessoas que frequentam os Centros; 2º) em razão do preconceito que ainda há contra o Espiritismo; e, por último, também, da falta de estrutura nos programas doutrinários. Qual sua opinião a respeito desse esvaziamento nos Centros Espíritas (...)?”[2] (Grifos do organizador.)

Divaldo: “Parece-nos que o esvaziamento referido tem as suas raízes na programática apresentada pela Instituição Espírita. Vivemos um momento de informática, no qual, como em todas as épocas, a motivação é de relevante importância. Quando apresentamos um bom programa, nunca faltam mentes e sentimentos interessados. Ocorre, no entanto, que a monotonia, a repetição, a falta de estudo dos responsáveis pela programação produzem certa saturação e desinteresse no público, que, deixando de ser motivado para as aspirações superiores, vai em busca de outros atrativos. A Doutrina, em si mesma, é rica de conteúdo. Suas informações, lições e palavras de discernimento em torno dos problemas humanos são a grande resposta para as necessidades do homem contemporâneo. Saber aplicar de maneira fácil, agradável e

2. FRANCO, Divaldo Pereira [por Diversos Espíritos]. *Palavras de Luz*. 2. ed. Salvador: LEAL, 1997. p. 92.

atraente esses conhecimentos é de competência dos encarregados da mensagem, dos expositores. Naturalmente que, em determinadas cidades onde há predominância de adeptos das religiões ortodoxas, o preconceito afeta a frequência. Mas, se a Doutrina for apresentada com a beleza e significação que possui, esse preconceito cede lugar à aceitação natural, por aqueles que têm necessidade de enfoques mais consentâneos com a hora em que vivemos e de respostas mais elucidativas para seus questionamentos."

❖

Que fazer para atingir o público não espírita, visando a orientá-lo quanto às confusões que ainda ocorrem, misturando a Doutrina com outras religiões nas quais também se manifesta a mediunidade? [3]

Divaldo: (...) "As conferências públicas são de valioso significado para alcançar o grande público e oferecer-lhe informações corretas, atraindo as pessoas que se interessarem na Casa Espírita.

"As conferências públicas devem abordar os referidos temas de atualidade, enfocando-os de maneira segura, e baseadas na Codificação.

"Desnecessário dizer que a vivência dos postulados espíritas é o meio mais convincente para apresentarmos o Espiritismo aos que não o conhecem.

"Esclarecer que a mediunidade está presente em toda parte, em todas as religiões e esclarecermos as diferenças entre ela e o Espiritismo é dever inadiável que nos cumpre atender."

---

3. FRANCO, Divaldo P. *Diálogo com dirigentes e trabalhadores espíritas*. 2. ed. São Paulo: USE, 1993. p. 140.

3

Divulgação doutrinária

Dos anais do IV Congresso Espírita da Bahia – FEEB, 1978.

Após o IV Congresso Espírita da Bahia, realizado na cidade de Vitória da Conquista, no período de 7 a 10 de setembro de 1978, a Federação Espírita do Estado da Bahia (FEEB) elaborou um documento de 108 páginas intitulado *Tarefas do Centro Espírita – Como Executá-las.* Dessas conclusões, transcrevemos o texto abaixo, que se mantém atual no que se refere aos seus objetivos operacionais gerais e específicos, estando em perfeita consonância doutrinária com o propósito deste trabalho em torno da obtenção e da manutenção da eficiência e da eficácia nas reuniões doutrinárias dos centros espíritas.

"Um dos maiores obstáculos capazes de retardar a propagação da Doutrina seria a falta de unidade. O único meio de evitá-la, se não quanto ao presente, pelo menos quanto ao futuro, é formulá-la em todas as suas partes e até nos mais mínimos detalhes, com tanta precisão e clareza, que impossível se torne qualquer interpretação divergente.

"(...) Dois elementos hão de concorrer para o progresso do Espiritismo: o estabelecimento teórico da Doutrina e os meios de popularizá-la.

"(...) A Doutrina é, sem dúvida, imperecível, porque repousa nas Leis da Natureza e porque, melhor que qualquer outra, corresponde às legítimas aspirações dos homens. Entretanto, a sua difusão e a sua instalação definitiva podem ser adiantadas ou retardadas por circunstâncias várias, algumas das quais subordinadas à marcha geral das coisas, outras inerentes à própria Doutrina, à sua constituição e à sua organização."

(KARDEC, Allan. *Obras Póstumas*. 26. ed. Rio de Janeiro: FEB, 1993. p. 339, 340 e 346.)

A união fraterna deve ser um objetivo comum a todos nós, mas não conseguiremos alcançá-la sem o espírito de renúncia e de harmonia, "procurando guardar a unidade do Espírito no vínculo da paz."[4]

Assumindo a condição de cooperadores de Cristo, para a implantação do Reino de Amor na Terra, busquemos restaurar o equilíbrio pelo esforço pessoal, deixando de lado as querelas e os pontos de vista, agindo sempre em benefício de todos.

A) OBJETIVOS GERAIS:

- Propagar os postulados da Doutrina perante a comunidade, com precisão e clareza.
- Promover os meios para unificação do Movimento Espírita.
- Despertar nas consciências o sentimento de fraternidade.

---

4. Paulo. *Carta aos Efésios*. Cap. 4, versículo 3.

B) Objetivos específicos:

• Incentivar o estudo da Doutrina e a vivência doutrinária.

• Estimular o livre exame dos assuntos divulgados.

C) Caracterização

Entende-se por divulgação doutrinária o conjunto de atividades que visam a tornar a Doutrina conhecida e atuante no meio social, fornecendo novo entendimento às criaturas, tornando-as melhores, sem agredir convicções nem impor ideias ou comportamentos. Na expressão feliz de Guillon Ribeiro: "Divulgar não significa catequizar, exigindo mudanças de superfície. É informar, elucidar e transmitir, aguardando que o tempo favoreça os raciocínios sólidos que cooperam na transformação interior."[5]

São tarefas fundamentais do Centro Espírita divulgar e ensinar a Doutrina Espírita. Sabemos que a divulgação difere do ensino doutrinário no método e no objetivo. A divulgação visa a informar e motivar, enquanto o ensino pretende formar *(educar)*. A divulgação busca atingir a comunidade em amplitude; o ensino se dirige a grupos menores de pessoas que a isso se disponham. A divulgação é feita por meios variados e assistemáticos, enquanto o ensino exige uma linha de ação definida, com metodologia adequada aos objetivos.

Todos os centros espíritas exercem atividades de divulgação, sendo poucos na atualidade os que se voltam para o ensino sistemático da Doutrina.

A divulgação é a primeira tarefa, porque se volta para a comunidade e expõe a Doutrina, oferecendo-a como op-

5. (1875-1943) Ex-presidente da Federação Espírita Brasileira.

ção salvadora nos cruciantes dilemas e perplexidades da vida atual. O ensino é a tarefa seguinte, que visa a tomar do ser motivado e esperançoso para transformá-lo em alguém consciente e atuante para renovação moral da sociedade.

Divulgar é rasgar o matagal da ignorância com o trator do entusiasmo ou arrotear o solo áspero da descrença com a enxada humilde da convicção. Ensinar é lançar sementes em solo preparado na certeza das flores e dos frutos que virão.

Se considerarmos válidos os objetivos gerais da divulgação contidos neste documento, concluiremos que, para atingi-los, não se pode dispensar um mínimo de organização e método. Deverá a Instituição interessada proceder a um estudo ou avaliação das necessidades e possibilidades do meio onde pretende atuar e avaliar seus recursos humanos e materiais, buscando enriquecê-los antes ou durante o trabalho, para que possa atingir as metas propostas.

A Humanidade clama por diretrizes novas. Nós temos a Doutrina Espírita, porém muitas vezes desperdiçamos energia e boa vontade, obtendo resultados muito pobres por não usarmos meios e métodos adequados e oportunos em cada tarefa de divulgação. Em consequência, estamos retardando o processo, apesar do nosso desejo honesto de ajudar o alevantamento moral da sociedade.

D) Diretrizes

A divulgação doutrinária deverá:

- Ser coerente com os princípios do Espiritismo, contidos nas obras de Allan Kardec e obras complementares.
- Utilizar processos atualizados de comunicação, na medida do possível.

• Evitar envolvimentos político-partidários.

• Evitar ataques a organizações, instituições e credos religiosos.

• Integrar-se com a programação geral do Centro.

• Abordar os assuntos em linguagem simples e clara, buscando, tanto quanto possível, tirar conclusões morais mesmo dos temas científicos e procurando, ao máximo, utilizar exemplos da vida cotidiana para ilustrar a argumentação.

• "Procurar abolir os vocábulos impróprios, as expressões pejorativas e os termos de gíria das ruas". (André Luiz/Francisco C. Xavier – *Conduta Espírita.*)

• Abster-se de estórias impróprias, anedotas reprováveis, ou qualquer outra citação que possa estimular a sintonia em faixa inferior de vibração.

• Salientar a excelência da Doutrina, esforçando-se sempre por colocar em posição discreta a personalidade individual.

E) Sugestões de atividades

As atividades que se seguem deverão ser orientadas pelas seguintes diretrizes:

• Identificar os objetivos.

• Analisar as suas possibilidades.

• Relacionar os recursos disponíveis.

• Planejar as atividades levando em consideração o que se vai dizer, a quem, para que e através de que meios.

• Executar a atividade observando as condições reais de conhecimento do assunto a ser abordado.

Comunicar é *tornar comum:* ideias, sentimentos, etc. Seu objetivo é o entendimento entre os homens. Para tanto é preciso que haja uma compreensão mútua entre os indivíduos que se comunicam.

Atividades de divulgação doutrinária
Como Executá-las

A) Exposição doutrinária

A exposição doutrinária deverá ter a seguinte estrutura:

- *Introdução:* breve e objetiva, situando o tema a ser abordado.
- *Desenvolvimento:* explanação do assunto com simplicidade e clareza.
- *Clímax:* enfatiza os pontos mais importantes do assunto.
- *Conclusão:* deve ser curta e objetiva.

B) Painel

Duas ou mais pessoas falam de um mesmo assunto, com enfoques diferentes ou de assuntos diversos que se relacionam.

O auditório pode fazer perguntas aos expositores, verbalmente ou por escrito, dependendo das possibilidades do momento.

C) Entrevista

Série de perguntas feitas por um entrevistador a uma pessoa que possua conhecimentos doutrinários.

4

DIRETRIZES DA DINAMIZAÇÃO DAS ATIVIDADES ESPÍRITAS

Federação Espírita Brasileira (FEB)

De acordo com o opúsculo *Orientação ao Centro Espírita,* 5ª edição, revista e ampliada, editada pela FEB, página 85 e seguintes, foram definidas pelo Conselho Federativo Nacional importantes diretrizes de dinamização das atividades espíritas. Destacamos, abaixo, algumas dessas orientações, que podem ser vinculadas à importância das *reuniões doutrinárias.*

a) (...) Na fase de transição por que passa a Humanidade, a Doutrina Espírita desempenha um importante papel, oferecendo, com lógica e segurança, a consolação, o esclarecimento e a orientação de que os homens hoje necessitam.

b) Faz-se necessário colocar ao alcance e a serviço de todos a mensagem consoladora e esclarecedora que a Doutrina Espírita oferece.

c) É de vital importância para a difusão e vivência da Doutrina Espírita que os centros espíritas, unidades fundamentais do Movimento Espírita, desenvolvam suas tarefas, da maneira mais ampla possível, procurando atender plenamente às suas finalidades.

d) O estudo e o aperfeiçoamento de dirigentes e trabalhadores são fundamentais para que o Centro Espírita possa atender plenamente às suas finalidades.

5

O EXEMPLO É O MAIS PODEROSO MEIO DE PROPAGAÇÃO – ALLAN KARDEC[6]

"Na fase nova em que entrarmos, a energia deve substituir a apatia; a calma deve substituir o ímpeto. Sede tolerantes uns para com os outros; agi sobretudo pela caridade, pelo amor, pela afeição."

"Tenho ainda alguns conselhos a dar-vos sobre *a marcha que deveis seguir perante o público,* com o fito de fazer progredir a obra a que devotei minha vida **corporal, e cujo aperfeiçoamento acompanho na erraticidade**." (Grifamos.)

"As brochuras, os jornais, os livros, as publicações de toda espécie são meios poderosos de introduzir a luz por toda parte, mas o mais seguro, o mais íntimo e o mais acessível a todos é o exemplo da caridade, a doçura e o amor."

---

6. Trechos de mensagens mediúnicas de Allan Kardec, recebidas na *Sociedade de Paris*, em abril de 1869 (*Revista Espírita*, ano XII, maio e junho de 1869, páginas 155, 179 e 180).

CAPÍTULO II

PLANEJANDO E ORGANIZANDO REUNIÕES DOUTRINÁRIAS

Adilton Pugliese

1 ESTUDO DE CASO: A ENTREVISTA NA TV

2 ALLAN KARDEC E AS REUNIÕES SÉRIAS DE DIVULGAÇÃO DOUTRINÁRIA

3 OS ELEMENTOS FUNDAMENTAIS PARA A POPULARIZAÇÃO DO ESPIRITISMO

4 PERFIL ATUAL E PERFIL DESEJADO NAS REUNIÕES DOUTRINÁRIAS

5 OS 10 PONTOS BÁSICOS DE UMA REUNIÃO DOUTRINÁRIA
- 5.1. O DIRIGENTE
- 5.2. O TEMPO
- 5.3. O TEMA
- 5.4. O PALESTRANTE
- 5.5. O PÚBLICO

1

Estudo de caso: a entrevista na TV

Apresentamos o exemplo de um diálogo em emissora de TV, entre entrevistador e pessoa entrevistada, situação que dramatizamos nas oficinas realizadas em torno da Organização de Reuniões Doutrinárias.

O texto do diálogo foi retirado de uma apostila do professor Alkíndar de Oliveira, de São Paulo/SP, *Projeto "Orar" – O Líder Espírita do Século XXI*, página 55.

A referida demonstração tem como objetivo destacar a importância de aperfeiçoarmos os *meios* de divulgação doutrinária.

– Então a senhora se arrependeu de ter sido espírita?

– Sim, me arrependi. Foi um dos momentos de minha vida em que dava tudo errado e eu não sabia por quê. No Centro que eu frequentava ***as reuniões doutrinárias eram confusas****, e eu não entendia nada!*

– E agora que a senhora está em nossa Igreja, como está a sua vida?

– Agora, com Jesus no meu coração, tudo mudou. Consegui emprego, consegui comprar casa própria e sou uma pessoa muito mais feliz.

– Então o Espiritismo prejudicou a senhora?

– Prejudicou. Hoje eu vejo que o Espiritismo é coisa do demônio. Se pudesse, diria para todos os espíritas conhecerem a nossa Igreja, onde Jesus é o nosso Mestre e Senhor. Os espíritas precisam enxergar que o seu Mestre é o demônio. É o que pude perceber, nas palestras que ouvi.

Que medidas poderiam ser adotadas em defesa do Movimento Espírita?

a) Culpar o entrevistador?

b) Exigir do entrevistador uma satisfação?

c) Mover um processo contra a emissora?

d) Ficar indiferente?

e) DIVULGAR MELHOR A DOUTRINA ESPÍRITA?

Certamente as nossas diretrizes de ação devem ser acionadas em torno de uma melhor divulgação do Espiritismo, consoante, sobretudo, a assertiva do codificador: *"Dois elementos devem concorrer para o progresso do Espiritismo: o estabelecimento teórico da Doutrina e os meios de popularizá-la."*[7]

7. KARDEC, Allan. *Obras Póstumas*. Projeto 1868.

2

Allan Kardec e as reuniões sérias de divulgação doutrinária

O codificador da Doutrina Espírita dedicou o capítulo XXIX de *O Livro dos Médiuns*, publicado em 15 de janeiro de 1861, em Paris, às considerações em torno *Das Reuniões e das Sociedades Espíritas*, vinculando, porém, a sua abordagem às reuniões práticas, experimentais ou de manifestação dos Espíritos. Podemos, contudo, fazer uma conexão entre as suas lúcidas e prudentes orientações, inspiradas e elaboradas após o lançamento da primeira edição, com 501 perguntas, de *O Livro dos Espíritos*, em 18 de abril de 1857, e da segunda e definitiva edição, em março de 1860, com 1.018 questões, com as modernas *reuniões de divulgação doutrinária*, ou *reuniões doutrinárias*, que se notabilizaram no Brasil como método geral eficiente de divulgação dos postulados do Espiritismo, dos seus fundamentos, examinados na sua composição tríplice de Ciência, Filosofia e Religião.

Em *O Livro dos Médiuns*, Allan Kardec faz alusão às etapas de uma *sessão espírita*, referindo-se à *Conferência* como trabalho de "exame crítico e analítico das diversas comunicações. Discussão sobre diferentes pontos da ciência espírita."[8] Ele mesmo, diversas vezes, como pode ser confirmado através do exame dos tomos da *Revue Spirite,* utilizou-se da tribuna da Sociedade Parisiense de Estudos Espíritas ou Sociedade de Paris, a SPEE, por ele fundada em 1° de abril de 1858, e na qualidade de seu presidente, para a leitura dos relatórios periódicos, prestação de contas, comentários e informações em torno da divulgação do Espiritismo.

Conforme relata Wallace Leal V. Rodrigues, no *prefácio do tradutor,* no livro *Viagem Espírita em 1862*[9], em 19 de setembro daquele ano teria ocorrido, na História, o "primeiro encontro de dirigentes espíritas", o encontro entre Allan Kardec e o operário Dijou, presidente do Centro Espírita de Broteaux, o único existente na cidade de Lyon. Ali, "Kardec dirige-se à tribuna singela e o Centro Espírita de Broteaux, pelo futuro em fora, será lembrado como o local da pira. Ali é aceso o fogo sagrado que empunharão, através dos séculos, todos aqueles que se compromissaram, mesmo ao preço de injúrias, suor e lágrimas, **a divulgar as glórias do Espiritismo pela bênção da palavra.**" (Grifamos.)

Allan Kardec retorna à "cidade dos mártires", em 1861, e profere um discurso sobre a caridade. Nessa época, diversos grupos surgiam em várias localidades do interior da França, além de grande número de reuniões familiares. No outono de 1862, diz-nos Wallace no seu prefácio: "Kardec deixa Paris para sua terceira viagem de propaganda espírita. Será a mais longa e ele, então, prepara **com zelo habitual, o material de sua oratória**." (Grifamos.)

8. KARDEC, Allan. *O Livro dos Médiuns.* 61ª ed. Rio de Janeiro: FEB, 1995. p.439.
9. KARDEC, Allan. *Viagem Espírita em 1862.* 1 ed. Matão (SP): Casa Editora O Clarim, 1968. p.10 e ss.

Essa viagem conduz Allan Kardec *a mais de vinte cidades diferentes, nas quais presidiu cerca de cinquenta reuniões.* Foram seis semanas e um percurso de 693 léguas. O resultado nos deu uma grande satisfação moral, declararia o codificador nas páginas da *Revue* de novembro de 1862, enfatizando as instruções que oferecera aos vários grupos. Comentando, posteriormente, essa *Viagem Espírita em 1862*, André Moreil, biógrafo de Kardec, declararia que ela "se tornou auxiliar indispensável aos grupos espíritas, tanto no que concerne à Doutrina, quanto no que diz respeito à **organização e administração das sociedades espíritas**".[10] (Grifamos.)

Depreendemos, assim, através desses relatos históricos, ter sido Allan Kardec o precursor das primeiras *reuniões doutrinárias.* Examinemos as diretrizes que ele estabeleceu, em *O Livro dos Médiuns*, para a eficácia e a eficiência dessas reuniões:

- "As reuniões espíritas oferecem grandíssimas vantagens, por permitirem que os que nelas tomam parte se esclareçam, mediante a permuta das ideias, pelas questões e observações que se façam, das quais todos aproveitam. Mas, para que produzam todos os frutos desejáveis, requerem condições especiais (...)."[11]
- "As reuniões **instrutivas** apresentam caráter muito diverso e, como são as em que se pode haurir o **verdadeiro ensino**, insistiremos mais sobre as condições a que devem satisfazer. A primeira de todas é que sejam **sérias**, na integral acepção da palavra."[12] (Grifamos.)

---

10. MOREIL, André. *Vida e Obra de Allan Kardec.* São Paulo: Edicel. p. 85.
11. Id. Ibid. p. 421.
12. Id. Ibid. p. 423.

• "(...) Uma reunião só é verdadeiramente séria, quando cogita de coisas úteis, com exclusão de todas as demais."[13]

• "Se o Espiritismo, conforme foi anunciado, tem que determinar a transformação da Humanidade, claro é que esse efeito ele só poderá produzir melhorando as massas, o que se verificará gradualmente, pouco a pouco, em consequência do aperfeiçoamento dos indivíduos. Que importa crer na existência dos Espíritos, se essa crença não faz que aquele que a tem se torne melhor, mais benigno e indulgente para com os seus semelhantes, mais humilde e paciente na adversidade? De que serve ao avarento ser espírita, se continua avarento; ao orgulhoso, se se conserva cheio de si; ao invejoso, se permanece dominado pela inveja? Assim, poderiam todos os homens acreditar nas manifestações dos Espíritos e a Humanidade ficar estacionária. Tais, porém, não são os desígnios de Deus. Para o objetivo providencial, portanto, é que devem tender todas as Sociedades espíritas sérias, grupando todos os que se acham animados dos mesmos sentimentos. Então, haverá união entre elas, simpatia, fraternidade, em vez de vão e pueril antagonismo, nascido do amor-próprio, mais de palavras do que de fatos; então, elas serão fortes e poderosas, porque assentarão em inabalável alicerce: o bem para todos; então, serão respeitadas e imporão silêncio à zombaria tola, porque falarão em nome da moral evangélica, que todos respeitam."

• "(...) Essa a estrada pela qual temos procurado com esforço fazer que o Espiritismo enverede."

• "Convidamos, pois, todas as Sociedades espíritas a colaborar nessa grande obra. Que de um extremo ao outro

13. Id. Ibid. p. 424.

do mundo elas se estendam fraternalmente as mãos e eis que terão colhido o mal em inextricáveis malhas."[14]

Essas transcrições do pensamento do codificador, de substância atualizadíssima, confirmam a importância das chamadas *reuniões doutrinárias* em nossa época, no momento em que nos aproximamos do sesquicentenário do advento da Terceira Revelação e do bicentenário do nascimento de Allan Kardec.

Em suas anotações íntimas, que em 1890, 21 anos após a sua morte, viriam a constituir o livro *Obras Póstumas*, que Herculano Pires (1914 – 1979) considerou como o *Testamento Doutrinário de Allan Kardec*, o mestre do Espiritismo tece comentários em torno da *popularização* da Doutrina, como veremos a seguir.

14 . Id. Ibid. p. 442/3.

3

Os elementos fundamentais para a popularização do Espiritismo

É significativa a revelação que, em 12 de junho de 1856, dez meses antes de lançar a obra básica da Codificação, *O Livro dos Espíritos*, o Espírito de Verdade faz ao professor Hippolyte Rivail: "A tua missão é rude, porquanto se trata de **abalar e transformar o mundo inteiro**."[15] Mais tarde, consciente da magna incumbência que assumira perante Jesus, Governador da Terra, e tendo concluído o trabalho da Codificação, com o lançamento da quinta *obra básica*, *A Gênese*, em 1868, Kardec escreveria, nesse mesmo ano, um PROJETO de trabalho, cuja prudente execução "alguns anos bastariam para fazer que a Doutrina avançasse de alguns séculos."[16] Nesse *Projeto* ele destaca os dois elementos que concorreriam para o progresso do Espiritismo:

1) O estabelecimento teórico da Doutrina.
2) Os *meios* de a popularizá-la.

---

15. KARDEC, Allan. *Obras Póstumas*. 26. ed. Rio de Janeiro: FEB, 1993. p. 282.
16. Id. p. 343.

Ao prever a criação de um *Estabelecimento Central*, "um local convenientemente situado e disposto para as reuniões e recepções", Kardec prevê um "salão de recepção que estaria aberto todos os dias e a certas horas, para os membros da Sociedade, que aí poderiam **conferenciar** livremente (...)". [17] (Grifamos.)

Considera, em seguida, como *meios de popularização* o *Ensino Espírita*, a publicidade, promovendo um "maior desenvolvimento" da Revista Espírita (fundada em 1/1/1858), através de "maior número de páginas" e tornando "mais frequente a publicação", e, por último, planeja que "dois ou três meses do ano seriam consagrados a viagens", para visita aos centros espíritas. O relato dessas experiências pode ser encontrado no livro *Viagem Espírita em 1862*, de autoria de Allan Kardec. Examinamos a 1ª edição em língua portuguesa, traduzida do original francês *Voyage Spirite en 1862* por Wallace Leal V. Rodrigues e publicada pela Casa Editora O Clarim, em 1968.

17. Id. ibidem. p. 341.

4

Perfil atual e perfil desejado nas reuniões doutrinárias

Como vimos no capítulo anterior, Allan Kardec, na sua época, já considerava importante que na Sociedade Espírita existisse um local **convenientemente situado e disposto** para as reuniões doutrinárias de popularização da Doutrina Espírita.

Como estão sendo realizadas as reuniões doutrinárias do Centro Espírita que dirigimos?

Estarão dentro de padrões doutrinários compatíveis com a proposta do codificador e como *meio eficiente e eficaz* de popularização do Espiritismo?

É possível fazer-se um *diagnóstico* dessa realidade, visando à identificação da **situação vigente**, a obtenção do **perfil atual**, que nos permitam visualizar quais os procedimentos que estão sendo adotados e, em seguida, realizar o exame, a **crítica construtiva** dos itens negativos caracterizados e construir o **perfil desejado, ideal**, os **pontos positivos**, que exprimam **qualidade** no desenvolvimento da reunião doutrinária.

Para realizar essa *diagnose* podem ser adotados os procedimentos abaixo:

1) Agendar uma reunião com a participação do presidente ou representante da diretoria, do encarregado e de outros membros do departamento ou setor doutrinário da

Instituição (sobretudo aqueles que dirigem as reuniões doutrinárias).

2) Solicitar a cada participante que faça uma **listagem** dos itens que identifiquem o **perfil atual** da reunião doutrinária da Casa.

Nessa fase de depoimentos emergentes, é recomendável não ocorrer críticas aos pontos levantados, que poderão ser decorrentes das observações pessoais dos participantes da reunião ou de informações recebidas de frequentadores da Instituição.

3) Todas as observações devem ser anotadas numa folha de papel, *flip-chart,* quadro branco ou para giz, numa coluna com o título: **perfil atual**.

4) Em seguida, de forma compartilhada, os participantes vão gerar, em outra coluna do demonstrativo, o **perfil ideal**, ou **desejado**, que implementará um novo *modus operandi* para as reuniões.

Sair do perfil atual para o perfil desejado se caracteriza como um **salto qualitativo**, cuja **transição** irá exigir um **planejamento estratégico** que estabelecerá os **meios de ação** para a **mudança**, a qual deverá ser **planejada**, evitando-se realizá-la de forma abrupta, impactante, modalidade que, geralmente, cria resistências, sendo de difícil absorção.

Podem ser identificadas pelo menos cinco formas de resistência durante o processo de mudanças organizacionais:

• **Comodismo** – falta de ação; inércia; conformismo.

• **Autossuficiência** – assunção de postura segundo a qual não há necessidade de mudança.

• **Procrastinação** – ocorre quando a implementação das mudanças é sucessivamente adiada.

• **Crítica negativa** – depreciação dos resultados esperados pela mudança.

• **Controvérsia sobre pormenores** – estratégia de levantar pormenores e minúcias para gerar discussões, conturbando o processo.

Reflexões

• Até que ponto você está aberto e receptivo para **promover mudanças** que atendam às necessidades reais da Instituição Espírita?

• Nos processos de mudança do seu setor, você tem se preocupado em envolver toda a equipe?

• Têm sido esclarecidos os **benefícios da mudança**, reduzindo, consequentemente, as resistências?

Exemplo de diagnóstico recentemente obtido em torno de reuniões doutrinárias em centros espíritas:

Perfil atual

• Ambiente inadequado.

• Fixação dos temas sem critério doutrinário.

• Escolha aleatória dos temas, sem referencial bibliográfico.

• Procedimentos de início e término sem organização.

• Ausência do palestrante sem aviso prévio.

• Falta de critério prévio para substituição eventual do palestrante.

• Ausência de planejamento para uso de audiovisual.

• Improvisações.

- Despreparo dos dirigentes das reuniões doutrinárias.
- Administração inadequada do *tempo* das etapas da reunião.
- Palestrantes despreparados.
- Ausência de equipe de apoio aos diversos procedimentos.

Perfil ideal e plano de ação

- Adequação do ambiente para realização de reuniões produtivas.
- Adoção de critério para seleção dos temas que tenham conexão com os postulados da Doutrina Espírita.
- Utilização das obras básicas e clássicas do Espiritismo como fonte de referência, fornecendo ao palestrante o título da obra e página para estudo.
- Elaboração de um roteiro básico para realização da reunião sem improvisações.
- Confirmação, com antecedência, da presença do palestrante.
- Preparação dos dirigentes da reunião doutrinária para substituição eventual do palestrante.
- Esquematização de providências para disponibilizar equipamento audiovisual.
- Reciclagem da equipe para evitar improvisações.
- Promoção de cursos de desenvolvimento de habilidades, visando a capacitar os dirigentes de reuniões doutrinárias.
- Execução da reunião dentro do período planejado.
- Convidar palestrantes habilitados doutrinariamente e que abordem, efetivamente, o tema programado.
- Formação de uma equipe de apoio logístico.

5

Os 10 pontos básicos de uma reunião doutrinária

"As reuniões espíritas são compromissos graves assumidos perante a consciência de cada um, regulamentados pelo esforço, pontualidade, sacrifício e perseverança dos seus membros."

(MIRANDA, Manoel P. de. *Nos Bastidores da Obsessão*. 1. ed. Rio de Janeiro: FEB, 1970. p. 45.)

A prática observada em diversos centros espíritas possibilitou a identificação de pelo menos 10 pontos básicos de uma reunião de divulgação doutrinária:

5.1 O dirigente

É o epicentro de todo o processo, de todo o desenvolvimento da reunião e a quem cabe a administração dos outros nove pontos básicos.

Um dirigente de reunião doutrinária não deve ser *improvisado*, escolhido ou nomeado sem critério, sem *pré-requisitos* indispensáveis à condução segura dos trabalhos. De preferência, o recrutamento para essa tarefa deve ser feito junto a trabalhadores experientes da Instituição, promovendo-se um treinamento de sensibilização e de formação com os candidatos, seguindo-se um *estágio* de prática em serviço, acompanhado por dirigente experimentado. "A experiência adquire-se com esforço e aperfeiçoa-se com o decorrer do tempo."

No capítulo oito, listamos as atribuições fundamentais do dirigente de reunião doutrinária.

5.2 O TEMPO

É aconselhável que a duração de uma reunião doutrinária não exceda a 90 minutos, tal como recomendado no opúsculo *Orientação ao Centro Espírita*, de autoria da FEB (página 27 da 5ª edição).

Caberá ao dirigente gerenciar as diversas etapas da reunião, conforme o capítulo 6, preocupando-se, sempre, com o tempo que será disponibilizado para o expositor. Importante que a Instituição procure seguir, regularmente, o horário previsto para o início e para o término da reunião. O público frequentador estabelece seus compromissos, comunica sua movimentação, etc., considerando os horários divulgados. Procedimentos indisciplinados, *sem hora para começar* e *sem hora para terminar*, são sempre constrangedores, comprometendo a imagem da Casa Espírita.

É sempre desaconselhável dizer-se ao expositor *fale o tempo que quiser*, *fique à vontade, o tempo é todo seu*, etc. O dirigente nunca deve esquecer que o público presente confia que os compromissos assumidos pela Instituição serão cumpridos. Muitos dos assistentes, provavelmente, ao se despedirem dos familiares para assistirem à palestra doutrinária, devem ter-lhes dito: "Não se preocupem, chegarei cedo, o dirigente da reunião é rigoroso no cumprimento do horário".

Não esqueçamos, também, que a assistência espiritual aos trabalhos é realizada dentro dessa expectativa de disciplina. Os benfeitores espirituais têm múltiplos afazeres e ajustam suas agendas, certamente, aos horários das casas com as quais colaboram.

5.3 O TEMA

Percebe-se, hoje em dia, grande preocupação entre os dirigentes dos departamentos doutrinários dos centros espíritas com a questão da programação dos temas das palestras. Temas inadequadamente formulados têm ocasionado mal-entendidos e embaraçado oradores e público. Alguns centros optam pela temática chamada *livre*, deixando a critério do expositor a escolha, que nem sempre é feliz, sobretudo quando o convidado não conhece a realidade cultural dos frequentadores.

Normalmente a seleção dos temas é direcionada para o aspecto tríplice do Espiritismo: temas que propõem abordagem do caráter científico, filosófico ou religioso/evangélico da Doutrina.

A experiência do Centro Espírita Caminho da Redenção, onde atuamos, baseia-se na escolha, mensalmente, de uma obra que servirá de referencial para a fixação dos temas. Ao ser convidado, ao expositor é comunicado o nome do *livro do mês*, o tema oferecido para a palestra e o capítulo ou página, recomendando-se como indispensável a conexão com as obras da Codificação e clássicas do Espiritismo.

Essa metodologia cria uma *sinergia* entre dirigentes, palestrantes e frequentadores, porquanto, sendo recomendada a leitura prévia desses textos, serão facilitadas a sua compreensão, a absorção do pensamento do autor e a proposta de mudanças pessoais que ele recomende.

O tema, sendo **programado,** ao invés de deixá-lo **livre**, pode evitar que assuntos polêmicos sejam, inoportunamente, explorados pelo expositor. Por outro lado, o tema *programado* e anunciado com antecipação cria, de imediato, um vínculo com o frequentador, ao lê-lo no mural de avisos da Casa, estimulando-lhe o interesse em comparecer para acompanhar a abordagem daquele assunto à luz do Espiritismo.

Há situações em que se justifica um tema livre. Por exemplo: um orador importante, de passagem pela cidade, alguém cuja vida esteja lastreada por grandes experiências e que tenha sido convidado para falar dessas experiências e outras situações...

5.4 O PALESTRANTE

O Centro Espírita pode se esmerar no atendimento aos demais nove pontos básicos de uma reunião doutrinária; selecionar o tema das obras básicas; oferecer ambiente agradável; atrair um público que se expresse em quantidade e qualidade de interesse, etc., mas o palestrante, nesses 10 itens, parece-nos ser o *epicentro* do sucesso ou do insucesso relativamente à expectativa do público presente e do atingimento dos objetivos de divulgação eficiente da Doutrina Espírita.

Em artigo na *Revista Internacional de Espiritismo,* de abril de 1998, Milton Luz, de Porto Alegre (RS), destaca que "existe carência de bons palestrantes sobre a temática espírita" e que "muitas sociedades espíritas não realizam esse trabalho devido, em parte, à dificuldade em encontrarem pessoas capacitadas para tão complexa atividade". Ele enfatiza que ser palestrante exige **um bom lastro doutri-**

nário, estudo permanente das obras da Codificação e facilidade de expressão num razoável português, cabendo aos responsáveis pela organização da reunião doutrinária preocupar-se com esse importante aspecto.

"(...) Dos oradores que mais brilho têm do que solidez, cujas palavras trazem superficial verniz, de sorte que agradam aos ouvidos, sem que, entretanto, revelem, quando perscrutadas, algo de substancial para os corações. É de perguntar-se que proveito tiraram delas os que as escutaram".

(KARDEC, Allan. *O Evangelho segundo o Espiritismo*. 110. ed. Rio de Janeiro: FEB, 1995. Cap. XIX, item 9. p. 304.)

O Centro Espírita poderá ter dois *quadros* de palestrantes: os **internos** (chamados palestrantes **da Casa**) e os **convidados**. Os **internos** são aqueles que têm um vínculo de voluntariado constante com a Instituição, fazendo parte de sua administração ou ser responsável por alguma de suas tarefas. O palestrante *da Casa* estará mais *entrosado* com o público da Instituição, gerando um clima de simpatia, de expectativa, quando for programado para falar. Acompanhará, sempre que possível, a palestra dos outros companheiros, visando a aperfeiçoar sua técnica. Experiência interessante constitui-se o Centro Espírita mobilizar o quadro de expositores **internos** para um encontro, uma *mesa redonda,* periodicamente, objetivando um diagnóstico da *performance* do grupo.

Nesses encontros, poder-se-á examinar os procedimentos adotados pela Casa na execução dos **10 pontos básicos de uma reunião doutrinária**, estabelecendo, então, se for o caso, aperfeiçoamentos necessários à melhoria da qualidade das reuniões de divulgação doutrinária. A avaliação do desempenho das palestras da Casa pode ser feita, *opcionalmente*, desde que haja *consenso* e *concórdia* de cada expositor e do grupo como um todo. A aceitação de *feedback*, de críticas, mesmo construtivas, deve ser declarada por todos, de forma fraternal e antecipadamente à avaliação, evitando-se, assim, melindres e ressentimentos. Outra forma proposta pela equipe do Projeto Manoel Philomeno de Miranda é a utilização de **técnica de autoavaliação e avaliação impessoal de resultados**, com o auxílio de *padrões de qualidade* (capítulo III, item 6). Como o propósito deste trabalho se circunscreve à organização de reuniões doutrinárias, não iremos nos referir às técnicas de oratória ou como desenvolver uma exposição doutrinária espírita, mas indicamos as seguintes obras que tratam do assunto:

1) *Caridade do Verbo, Métodos e Técnicas de Exposição Doutrinária Espírita*, de Luiz Signates – edição da Federação Espírita do Estado de Goiás.

Esse livro possui um capítulo destinado à **autoavaliação do expositor**. Sugere o autor dois recursos: o palestrante **gravar** a própria alocução, ouvindo-a depois, reiteradas vezes, analisando-a; outro recurso seria a utilização de **tabelas de análise** (um questionário avaliativo, com **padrões de desempenho**), que o autor apresenta no seu livro, sugerindo que o palestrante peça a alguém de sua confiança para preenchê-las durante a sua alocução. São três tabelas que avaliam os **resultados da preparação**, os **resultados da alocução**, os maneirismos verbais, de postura e até possíveis *equívocos doutrinários*.

2) *Guia Orientativo ao Expositor Espírita*, de Carlos Eduardo da Silva – edição da Federação Espírita do Estado de São Paulo.

3) *O Orador Espírita*, de Eliseu Rigonatti – edição da LAKE.
4) *Manual do Expositor Espírita* – edições USE/SP.
5) *Oratória a Serviço do Espiritismo* – edição do Centro Espírita Allan Kardec, de Campinas/SP.
6) *Como Falar Corretamente e Sem Inibições*, de Reinaldo Polito – Editora Saraiva.
7) *Gestos e Posturas para Falar Melhor*, de Reinaldo Polito – Editora Saraiva.
8) *A Arte de Falar em Público*, de Osmar Barbosa – Edições de Ouro.
9) *Como se Comunicar Bem*, de Robert Heller – edição Publifolha.
10) *Como Fazer Apresentações*, de Tim Hindle – edição Publifolha.
11) *ABC da Palavra Fácil*, de Sharon Bower – edição Círculo do Livro.
12) *Curso de Comunicação Verbal*, de Alkíndar de Oliveira, apostila da ACCT – Alkíndar – Consultoria, Cursos e Treinamentos S/C Ltda./SP.
13) *Oratória Espírita*, de José Carlos Leal – Editora CELD.
14) *A Dimensão da Fala e a Palestra Espírita*, de Waldehir Bezerra de Almeida – Casa Editora O Clarim.

Quanto ao palestrante **convidado**, é conveniente que a Instituição, antes de fazer o primeiro convite, busque informações acerca do seu desempenho. Conforme destaca Joanna de Ângelis em sua *trilogia*: **Espiritizar, Qualificar e Humanizar**, hoje em dia não é suficiente apenas a **boa vontade**. É preciso, também e prioritariamente, **competência**. Competência técnica e doutrinária, além de valores morais. Ouve-se, muitas vezes: "Fulano é ótimo palestrante!". Colocaríamos uma ênfase nessa informação: "Fulano é ótimo palestrante **espírita***!* ", isto é, que **espiritiza** a sua abordagem, inserindo em seus argumentos os postulados do Espiritismo. Parece um contrassenso, um exagero, mas a verdade é que muitos falam bem, mas falam de tudo menos de Espiritismo, assunto para o qual foram convidados a expor.

Uma forma eficiente para evitar constrangimentos é selecionar cuidadosamente os palestrantes. Evitar *preencher* improvisadamente a programação periódica, o que pode não dar certo.

O professor Alkíndar Oliveira, de São Paulo, numa apostila de sua autoria, cita uma frase do físico inglês Isaac Newton (1642-1727): "Se olhei mais longe, foi por estar em pé no ombro de gigantes". Para interpretar, adequadamente, os temas oferecidos ao exercício da *caridade do verbo*, é indispensável que o expositor esteja prioritária e firmemente **equilibrado** nas fundamentações exaradas nas obras básicas do Espiritismo.

Ao expositor **convidado**, é deveras importante informá-lo acerca das diretrizes doutrinárias da Casa, o tempo da exposição, as características do trabalho, etc.

Perguntam-nos, sempre: é preciso apresentar o expositor? Se for palestrante da Casa (interno), é interessante declinar-lhe o nome, no tradicional: passamos a palavra ao nosso irmão..., que irá falar sobre o tema... Se for um palestrante convidado, pode ser acrescentado o nome da Casa Espírita onde labora. Outras informações (títulos acadêmicos, experiência doutrinária) ficam condicionadas, geralmente, ao porte e ao público alvo do evento.

5.5 O PÚBLICO

Nove pontos básicos de uma reunião doutrinária vão orbitar em torno de **um** item fundamental: **o público**. É a expectativa que a reunião doutrinária possui um *público certo, esperado,* que provoca todas as mobilizações e procedimentos para que tudo transcorra bem.

Toda a preparação só terá utilidade se a organização da reunião doutrinária incluir nas suas considerações a existência do público. **Sem público**, inexiste reunião doutrinária. Embora muitos destaquem a existência da *plateia invisível,* os alvos primordiais da mensagem são os encarnados.

O professor Reinaldo Polito, no livro *Como falar Corretamente e sem Inibições* (38. ed. Editora Saraiva, p. 75), ensina que "cada público possui suas próprias *características* e cada uma delas requer um tipo adequado de comunicação".

Assim, o fator *público* exercerá influência sobre o *dirigente*, exigirá cumprimento do *tempo*, demonstrará ou não interesse pelo *tema*, avaliará o desempenho do *palestrante*, fará comentários acerca do *ambiente* e estará sempre atento a *tudo* o que ocorrer na reunião doutrinária. É, portanto, uma *massa* formadora de opinião. Como estará o público de nossa Casa Espírita? Satisfeito ou insatisfeito com as nossas reuniões doutrinárias?

5.6 O AMBIENTE

O **ambiente físico** onde será realizada a reunião doutrinária deve ser, no mínimo, funcional, ou seja, a arrumação dos móveis, a decoração deve compatibilizar o espaço com o evento que ali será realizado. Cadeiras arrumadas na forma tradicional de *assembleias*, mas de tal forma que o frequentador sinta-se confortável; o local destinado ao dirigente e palestrante devidamente preparado, sem exageros, salvo em momentos festivos. Indiscutível a necessidade de o ambiente estar perfeitamente limpo e agradável, passando aquela sensação de *é bom estar aqui*. Equipamentos de som e todo o material de apoio nos seus devidos lugares evitarão interrupções e demonstrarão a preocupação prévia da equipe dirigente da reunião, para que todos os procedimentos ocorram sem embaraços ou improvisações.

O **ambiente espiritual** também deve merecer redobrada atenção. Muitos dirigentes pedem orientações sobre a utilização de meios para aquele período que antecede o início da reunião, quando o público conversa, agita-se, movimenta-se no salão, pessoas acenam para conhecidos, cumprimentam-se. Parece-nos natural este tipo de comportamento, desde que seja num clima de reverência ao local, sem algazarra. A Casa Espírita é o local onde os espíritas se confraternizam. Para muitos é a oportunidade de rever irmãos de ideal. A expressão da alegria do reencontro se concretiza num abraço, num aperto de mão mais demorado, num comentário doutrinário, de amizade ou familiar. Há muitas tentativas de inibir esses momentos confraternativos, impondo silêncio absoluto. Cremos que utilização de música ambiental, aliada a avisos, pedindo ao público que seja comedido durante esse intervalo prévio das reuniões, seja mais produtivo e de resultado favorável.

É muito agradável, no Centro Espírita Caminho da Redenção (Mansão do Caminho), ver Divaldo Franco circular pelo Cenáculo, cumprimentando o público, antes da palestra.

Cinco minutos antes do início efetivo da reunião, o dirigente poderia dar o primeiro *sinal*, convidando todos para se prepararem, providenciando a *formação da* mesa, convidando o palestrante, podendo, em seguida, fazer uma leitura de pequeno trecho de mensagem espírita, seguindo-se a prece de abertura da reunião (vide o item 6.2).

5.7 Os audiovisuais

Muitos expositores, visando a imprimir uma maior dinâmica na sua abordagem, utilizam recursos instrucionais que intensificam a fixação do assunto, a exemplo de projeção de transparências, através de *retroprojetores ou datashow.* Outros recorrem ao *flip-chart* (cavalete com papel), ao quadro branco ou de giz. É importante, assim, que, ao ser convidado para o desenvolvimento do tema doutrinário, o palestrante seja inquirido acerca do uso desses *recursos*, objetivando que a Casa Espírita possa disponibilizá-los ou, se for o caso, declarar a impossibilidade da sua utilização, por questão de não possuí-los ou em decorrência da inadequação do ambiente. O expositor poderá conduzir os audiovisuais de sua propriedade, acertando previamente com a Instituição.

É importante que, antes sejam testados, para ver se as imagens ou anotações poderão ser vistas de qualquer ponto do salão. No caso dos *retroprojetores*, uma lâmpada sobressalente é sempre importante para um eventual imprevisto.

5.8 Outras atividades

É interessante que o dirigente da reunião doutrinária fique sempre atento sobre os procedimentos que estejam previstos para o dia da reunião, a exemplo de momento de arte, apresentação de visitantes, homenagens, etc., evitando, desta forma, qualquer demonstração de *improvisação.* É aconselhável que todas as fases tenham uma sequência normal.

5.9 O apoio logístico

Como *apoio logístico,* referimo-nos às diversas etapas de procedimentos que antecedem a reunião, além das que ocorrem durante e após o evento. Podemos exemplificar esse apoio nas atividades de som ambiental, música adequada para o momento da prece de abertura e de encerramento, recepção aos visitantes, preparação da água para fluidificação, distribuição de mensagens, arrumação do ambiente, teste prévio do microfone, instalação dos equipamentos de audiovisual, etc.

Para dar cumprimento a essas diversas etapas de trabalho, o dirigente da reunião doutrinária procurará formar uma equipe de apoio, um *grupo tarefa* de voluntários, distribuindo, então, entre eles, essas funções. Algumas podem *parecer* insignificantes, mas imaginem que constrangimento quando o microfone *não funciona* no início da reunião, ou falha quando o palestrante está falando! A verificação prévia e preventiva é sempre oportuna e aconselhável.

5.10 Os imprevistos

Finalmente, consideramos como o décimo *ponto básico* de uma reunião doutrinária **os imprevistos**. Sempre acontecem, quando menos se espera. Por isso, o dirigente *proativo* se antecipa a essas situações, prevendo-as com base na análise de possibilidades ou de acordo com acontecimentos anteriores, para que não se repitam. De repente, um aviso de que *o expositor não poderá vir*; uma manifestação mediúnica durante a palestra; crianças inquietas na reunião – e a reunião não é destinada para crianças, mas para adultos –; o som apresenta defeito irreversível naquele momento; alguém *passa mal*, etc. Muitos de nós já nos vimos em situações semelhantes. O dirigente de reunião doutrinária, então, deve estar preparado para esses *imprevistos* e administrá-los com serenidade, sem afobação. Para tanto, é imprescindível uma equipe de apoio, como foi frisado no item 5.9, que esteja *treinada* para atender, de imediato, a quaisquer das ocorrências citadas. No caso da ausência súbita do expositor, aconselhamos que a melhor alternativa ainda é a sua substituição pelo dirigente da reunião doutrinária, o qual, *prevendo* essa eventualidade, estudará o tema ou preparará o desenvolvimento de outra temática, conforme o domínio que tenha sobre determinado assunto. Essa providência evitará improvisações de consequências imprevisíveis, salvo quando o substituto emergencial seja pessoa de indiscutível qualificação.

6

Administrando as fases tradicionais de uma reunião doutrinária

6.1 Atendimento fraterno

Essa atividade pode ser inserida na programação doutrinária do Centro Espírita, fazendo-a *antes* da reunião propriamente dita. Sobre o assunto, recomenda-se a leitura do livro *Atendimento Fraterno*, de autoria da equipe do Projeto Manoel Philomeno de Miranda, lançamento da Livraria Espírita Alvorada Editora (LEAL).

6.2 Leitura preparatória

Muitos centros espíritas utilizam como recurso para obter a atenção e a concentração do público, para o início dos trabalhos. Se adotada, recomenda-se um texto pequeno, de até dois minutos de leitura.

6.3 Prece inicial

Preferencialmente deve ser proferida pelo dirigente da reunião.

6.4 Avisos gerais

O dirigente da reunião deve se informar dos *avisos* que serão transmitidos ao público, fazendo-o de forma concisa, objetiva, administrando, assim, o tempo dos trabalhos. Deve lembrar-se de que o palestrante, normalmente, prepara sua abordagem para um período mínimo de 45 minutos e máximo de 60 minutos. Em face dessa fase inicial da reunião, que absorve parte do tempo, ao passar a palavra ao expositor, é sempre conveniente dizer-lhe o horário que deverá concluir a palestra.

6.5 Atividade artística

Geralmente ocorre em reuniões comemorativas ou festivas, de aniversário da Instituição, de semanas espíritas, etc. Improvisar esses momentos é sempre inconveniente, sobretudo quando compromete o tempo disponível para toda a reunião. Os frequentadores quase sempre reagem com desagrado quando a reunião ultrapassa o horário de término previsto. É imprescindível e recomendável que essas apresentações primem pela qualidade e pelo conteúdo, compatibilizando-as, assim, com a expectativa em torno da mensagem doutrinária.

6.6 Palestra – conferência – painel

Essa é a fase mais esperada da reunião. É a hora da verdade. Toda a atenção voltar-se-á para o expositor. As expectativas se aguçam. As vibrações tornam-se mais concentradas. As primeiras palavras poderão criar a *mágica* que faz paralisar os auditórios.

Diretriz adotada pelo Centro Espírita Caminho da Redenção (Mansão do Caminho), durante as reuniões doutrinárias, que assume importante característica para prestigiar o palestrante e valorizar o *momento doutrinário*: as atividades paralelas à reunião são interrompidas cinco minutos antes do seu início. Todas as pessoas envolvidas com as tarefas da livraria, lanchonete, lojinha de artesanato, ensaio do coral, atendimento fraterno, biblioteca, etc., convergem para o Cenáculo e somente após a palestra retomam suas atividades.

6.7 Perguntas e respostas

Muitas instituições reservam um tempo mais ou menos de 15 minutos, ao final da palestra, para que o expositor responda perguntas do público. Essa fase deve sempre ser avisada ao palestrante convidado. Antes de iniciar as perguntas, o dirigente da reunião solicitará objetividade na sua formulação.

6.8 Passes individuais ou coletivos

Observa-se cada vez mais essa fase nas reuniões doutrinárias, destinada aos *passes* individuais ou coletivos. Muitas instituições adotam essa técnica de fluidoterapia espírita na modalidade de *aplicação coletiva,* considerando que a sua individualização, a depender do quantitativo do público frequentador do Centro Espírita, demandaria um razoável tempo da reunião. O aconselhável é que os passes após as reuniões doutrinárias sejam aplicados no próprio salão de conferências, evitando-se o deslocamento (inevitavelmente ruidoso) do público para outros ambientes.

6.9 Prece final e vibrações

É recomendável que o dirigente da reunião profira a prece final. Ele sabe o tempo disponível para encerrar os trabalhos. A improvisação nessa fase tem provocado situações constrangedoras e inconvenientes, quando o convidado para a prece de encerramento resolve aproveitar o *ensejo* para comunicar a realização de um evento, comentar a palestra, etc.

6.10 Fluidificação de água

Alguns centros disponibilizam um espaço (uma mesa) para a colocação de recipientes particulares para a fluidificação de água.

7

Atribuições do Departamento Doutrinário

É imprescindível a existência do Departamento Doutrinário na estrutura organizacional do Centro Espírita. Algumas instituições espíritas denominam de Departamento de Assuntos Doutrinários, Departamento de Orientação Doutrinária, Departamento de Divulgação Doutrinária, etc. Num Centro de pequeno porte, essas atribuições podem ser delegadas a um dos membros da Diretoria ou sócio efetivo.

No Departamento Doutrinário podem ser inseridas as seguintes áreas de atuação do Centro Espírita:

- Reuniões doutrinárias públicas.
- Grupos de estudo.
- Atendimento fraterno.
- Passes.
- Grupos mediúnicos.
- Biblioteca.

Alguns centros espíritas incluem no Departamento Doutrinário também as atividades de Evangelização Infantil e de Juventude Espírita; outros destacam as atividades mediúnicas e de passes num departamento específico, a depender do porte da Instituição.

As *competências* do Departamento Doutrinário devem ser previstas no Estatuto de cada Centro Espírita. Os detalhamentos de suas atribuições podem ser definidos no Regimento Interno do órgão.

Opúsculo publicado pela União das Sociedades Espíritas do Estado de São Paulo (USE), em 1992 – *Subsídios para atividades doutrinárias* –, define as seguintes diretrizes para o Departamento Doutrinário do Centro Espírita:

• Elaborar e difundir todo o material doutrinário e orientador da área doutrinária, tais como: apostilas, folhetos, cartazes, mensagens, etc.

• Estimular a apresentação da Doutrina Espírita para o público leigo.

• Estimular a implantação de campanhas ou projetos em geral, visando à dinamização dos serviços doutrinários no Centro Espírita.

• Estabelecer uma rede de comunicação entre os diversos grupos doutrinários do Centro.

• Promover maior estabilidade, homogeneização e eficácia nas práticas doutrinárias.

• Evitar a disseminação de práticas exóticas, misto de magia e de superstição, que nada têm a ver com o Espiritismo.

• Concorrer eficientemente para o desaparecimento do personalismo individual e de grupos, na área doutrinária, facilitando o desenvolvimento da humildade e da renúncia, tão necessárias para a estabilidade dos trabalhos coletivos.

• Colocar todos os programas e cursos à disposição dos diversos grupos, como subsídio ao trabalho desenvolvido.

• Evitar o desvirtuamento da Doutrina Espírita por força de interpretações individualistas com evidente desprezo dos seus postulados fundamentais.

• Afinar a área doutrinária para uma sintonia cada vez mais perfeita com as forças espirituais que zelam pelo Movimento Espírita.

8

ATRIBUIÇÕES DO DIRIGENTE DE REUNIÃO DOUTRINÁRIA

As atribuições do dirigente de reuniões doutrinárias podem ser definidas e implementadas através do Regimento Interno do Departamento Doutrinário. Propomos as seguintes competências:

- Cumprir as orientações constantes do Regimento Interno do Departamento Doutrinário.
- Formar uma equipe para apoio das atividades das reuniões doutrinárias.
- Manter permanente estudo pessoal em torno das obras básicas e clássicas do Espiritismo e obras complementares.
- Manter conduta moral compatível com os princípios doutrinários.
- Quando convidado para dirigir uma reunião, conhecer, com antecedência, o dia, a hora, o tema e o nome do palestrante.
- Estudar o tema para uma eventual substituição, ou preparar temática alternativa.
- Chegar ao local da reunião, juntamente com a equipe de apoio, pelo menos trinta minutos antes do início das atividades.

- Verificar as condições do ambiente e dos recursos materiais e humanos imprescindíveis para os procedimentos da reunião.
- Recepcionar e apresentar o palestrante ao público.
- Proferir a prece de abertura e de encerramento da reunião.
- Dar os avisos e o noticiário de interesse da Casa.

9

FORMANDO UMA EQUIPE DE APOIO

Se te conduzires ativo e paciente, perseverando no bem, será formado um grupo de trabalho ao teu lado, todavia, se tal não ocorrer, é porque deve ser assim mesmo. Jesus Cristo, porém, sem dúvida nunca te deixará a sós, sendo a tua força e equipe eficiente.

(FRANCO, Divaldo Pereira; ÂNGELIS, Joanna de [Espírito]. *Rumos Libertadores*. 3. ed. Salvador: LEAL, 1994., p. 151.)

Formação de equipe de trabalho implica, necessariamente, destacar a importância da *delegação*, palavra mágica em administração moderna.

Há dispersão de esforços numa organização quando:

- Há decisões sem conhecimento completo dos fatos.
- Há falta de objetivos bem definidos.
- Há falta ou deficiência no planejamento das atividades.
- E... quando não se delega!

PARA QUE DELEGAR?

Para aliviar o dirigente de encargos secundários e para que ele possa: planejar, organizar, acompanhar o trabalho, treinar substitutos, aproveitar melhor todos os talentos humanos e estimular o desenvolvimento do pessoal de apoio.

Para delegar é preciso que o dirigente: conheça, treine, motive sua equipe, estabeleça objetivos claros e métodos e procedimentos para alcançá-los.

Reflexão

Até que ponto você tem dedicado seu tempo, enquanto ocupante de uma função de dirigente de reuniões doutrinárias, à formação e desenvolvimento de sua equipe de trabalho?

Vantagens do trabalho em equipe sobre o trabalho individual:

- Maior aprofundamento na abordagem dos problemas.
- Maior diversificação de pontos de vista ou enfoque dos problemas.
- Maior comprometimento com a qualidade dos resultados por parte daqueles que participarem das decisões.
- Antecipação de medidas, visando à melhoria do desempenho futuro.
- Manutenção de elevado nível de motivação para o trabalho.
- Melhor aproveitamento da criatividade dos componentes da equipe.
- Aperfeiçoamento da competência para resolução de problemas complexos.
- Integração de esforços e objetivos individuais.

Encontros da equipe para avaliação dos trabalhos: periodicamente, os componentes das atividades vinculadas às reuniões doutrinárias poderão realizar encontros para avaliação dos trabalhos, de forma participativa, sempre em busca da **melhoria contínua** dos procedimentos das reuniões.

São metas importantes que nesses encontros:

• Adote-se uma liderança democrática ou participativa com todos os membros da equipe, sentindo que têm oportunidades iguais de influenciar a busca da eficácia das tarefas.

• As discordâncias possam ser percebidas como de conteúdo e não pessoais e, portanto, toleradas.

• Os membros da equipe se considerem irmãos, em família, tratando-se reciprocamente de modo aberto e franco.

• Por fim, que todos adquiram a consciência de responsabilidade pelo sucesso da tarefa.

10

Espiritizando, Qualificando e Humanizando as Reuniões Doutrinárias

Allan Kardec, nos estudos, nas cogitações, nas atividades, nas obras, a fim de que a nossa fé não se faça hipnose, pela qual o domínio da sombra se estabelece sobre as mentes mais fracas, acorrentando-as a séculos de ilusão e sofrimento.

(Bezerra de Menezes. *Unificação. Reformador* – dez., 1975.)

O Espírito Joanna de Ângelis, em 1998, através do médium Divaldo Pereira Franco, estabeleceu uma **trilogia** que corresponde a um **triângulo equilátero de responsabilidades.**[18]

No *vértice superior* ela colocou o verbo **espiritizar**, que propõe "tornar **realmente espírita** a pessoa que moureja na Instituição, que vem à Casa Espírita, para que saia da postura de adepto, passe para a de militante e se torne membro, portanto, espírita, assim desenvolvendo a atividade que acha bela nos outros e de que se beneficia."

18. FRANCO, Divaldo P. *Novos Rumos para o Centro Espírita.* 1. ed. Salvador: LEAL, 1999. pp. 15-16.

Esse impositivo da espiritização, segundo a mentora, "a pessoa vai adquirir por intermédio do estudo, da reflexão, das atividades de ordem mediúnica, sempre procurando aplicar para si a recomendação dos Espíritos antes que para os outros (...)."

A segunda proposta de Joanna de Ângelis é a **qualificação**, considerando que "para nos tornarmos espiritistas, deveremos adotar a qualidade de uma pessoa de consciência, destacando que a boa vontade é um elemento básico, mas não é o fator indispensável. A qualificação, enfatiza, é muito importante: saber o que fazer e como realizá-lo, para executar bem, é indispensável".

Por fim, o vértice da direita seria a **humanização**, "porque se a pessoa se espiritiza, conscientiza-se da Doutrina, qualifica-se, mas se não tem sentimento de humanidade (...), torna-se apenas uma parte do triângulo."

O conhecimento dessa trilogia por parte dos dirigentes de atividades doutrinárias é sumamente importante, porquanto, aplicando suas diretrizes às reuniões de divulgação da Doutrina Espírita atingirão a *excelência* de sua performance, pois que, como destaca o médium Divaldo Franco: "A humanização virá para auxiliar-nos, a qualificação nos dirá que não temos mais o direito de permitir-nos erros, e a espiritização nos alçará à condição de verdadeiros espíritas, mínimas qualidades do homem de bem, precisamente definidas em **O Evangelho segundo o Espiritismo.**"

11

Bibliografia

KARDEC, Allan. *Obras Póstumas*. 26. ed. Rio de Janeiro: FEB, 1993.

________, *O Livro dos Médiuns*. 61. ed. Rio de Janeiro: FEB, 1995.

________, *O Evangelho segundo o Espiritismo*. 110. ed. Rio de Janeiro: FEB, 1995.

________, *Viagem Espírita em 1862*. 1 ed. Matão (SP): Casa Editora O Clarim, 1968.

Subsídios para atividades doutrinárias. 1. ed. São Paulo: USE, 1990.

FRANCO, Divaldo P. *Novos Rumos para o Centro Espírita*. 1. ed. Salvador: LEAL, 1999.

Orientação ao Centro Espírita. 5. ed. Rio de Janeiro: FEB, 1999.

OLIVEIRA, Alkíndar. *"Projeto Orar" – O Líder Espírita do século XXI*. São Paulo, 2001.

CAPÍTULO III

REUNIÕES MEDIÚNICAS SÉRIAS

1 Preâmbulo
2 Trabalho em grupo/seleção
3 Harmonia entre os grupos
4 Tipos de reuniões
5 Os objetivos e as finalidades
6 Metodologia e princípios gerais de funcionamento
7 Funções
8 Roteiro para a prática
9 Procedimentos de organização e funcionamento das reuniões mediúnicas. Regimento Interno
10 Bibliografia

João Neves, José Ferraz e Nilo Calazans

(Equipe do Projeto Manoel Philomeno de Miranda)

1

Preâmbulo

Em sendo a mediunidade uma faculdade inerente ao homem, processar-se-á nos *laboratórios* internos da consciência de cada um, dando ensejo a que o indivíduo a exerça conforme o próprio livre-arbítrio, só ou associado a outros médiuns e pessoas identificadas com o mesmo propósito, o de se comunicar com os Espíritos e intermediar as suas realizações com os homens.

2

TRABALHO EM GRUPO/SELEÇÃO

Como a Lei de Sociedade é da natureza humana, espera-se que médiuns e pessoas interessadas nas comunicações espirituais se integrem, formem grupos afins para o exercício da mediunidade, buscando as condições para o êxito do tentame. Foi essa a visão de Allan Kardec quando escreveu: "Uma reunião é um ser coletivo, cujas qualidades e propriedades são a resultante das de seus membros e formam como que um feixe. Ora, este feixe tanto mais força terá, quanto mais homogêneo for" (*O Livro dos Médiuns,* item 331). Estava instituído o princípio básico para a formação das reuniões mediúnicas, como hoje são chamadas nos centros espíritas: **vinculação espontânea de interessados, conforme suas afinidades recíprocas e seleção criteriosa de novos adeptos, depois de formado o grupo-base, de modo a se criar um meio favorável ao processo de intercâmbio espiritual**. A influência do meio, que pode facilitar ou dificultar as comunicações, confirma outro pensamento do codificador. "Não basta, porém, que se evoquem bons Espíritos; é preciso, como condição expressa, que os assistentes estejam em condições propícias para que eles *assintam* em vir." (*O Livro dos Médiuns*, item 327.)

Desde o início de seu trabalho, o mestre lionês percebeu as grandes vantagens do labor em equipe, em oposição ao insulamento, deste último mostrando os perigos: fascinação obsessiva, pela falta de uma crítica sincera de pessoas entendidas, e estagnação, pela falta do alimento afetivo – amor – sem o qual deperecem os empreendimentos humanos. Por conta disso, ele estabeleceu como base dos grupos que cada um se estruturasse como uma família (*O Livro dos Médiuns,* item 335), resumindo, em admirável síntese, as disposições morais mínimas de que deveriam estar imbuídos os participantes:

• Perfeita comunhão de vistas e de sentimentos.

• Cordialidade recíproca entre todos os membros.

• Ausência de todo sentimento contrário à verdadeira caridade cristã.

• Um único desejo: o de se instruírem e melhorarem por meio dos ensinos dos Espíritos e do aproveitamento de seus conselhos.

• Exclusão de tudo o que, nas comunicações pedidas aos Espíritos, apenas exprima o desejo de satisfação da curiosidade.

• Recolhimento e silêncio respeitosos, durante as confabulações com os Espíritos.

• União de todos os assistentes, pelo pensamento, ao apelo feito aos Espíritos que sejam evocados.

• "Concurso dos médiuns da assembleia, com isenção de todo sentimento de orgulho, de amor-próprio e de supremacia e com o só desejo de serem úteis". (*O Livro dos Médiuns,* item 341.)

3

HARMONIA ENTRE OS GRUPOS

Allan Kardec não se limitou a propor a harmonia interna em cada grupo, mas, sobretudo, a união entre grupos, que se deveriam corresponder entre si, se encontrar – simpósios, seminários, congressos – "e resolver suas divergências momentâneas com espírito de compreensão sem procurarem se isolar como um bando à parte", tendo a oportunidade de recomendar, no item 349 de *O Livro dos Médiuns*, que as sociedades "que se achem animadas do desejo sincero de propagar a verdade, que se proponham a um fim unicamente moral, devem assistir com prazer à multiplicação dos grupos e, se alguma concorrência haja de entre eles existir, outra não deverá ser senão a de fazer cada um maior soma de bem."

4

TIPOS DE REUNIÕES

Com base na diversidade de propósitos e interesse predominantes, o codificador classificou as reuniões em **frívolas, experimentais e instrutivas**. As primeiras, voltadas para o divertimento, as segundas, para produção de fenômenos físicos, sem qualquer interesse da parte dos participantes de tirar-lhes as consequências morais, e, por fim, as reuniões de estudo, aquelas "em que se pode haurir o verdadeiro ensino", de natureza espírita, entendendo-se que "a instrução espírita não abrange apenas o ensinamento moral que os Espíritos dão, mas também o estudo dos fatos. Incumbe-lhe a teoria de todos os fenômenos, do que é possível e do que não o é; em suma, a observação de tudo o que possa contribuir para o avanço da ciência." (*O Livro dos Médiuns,* itens 325 a 328.)

Esse gênero de reuniões é o que interessa ao Espiritismo, convindo assentar o seu *modus operandi*, conforme a visão do mestre lionês, que estabeleceu fosse a primeira de todas as condições a seriedade, no sentido de envolvimento com as coisas úteis e com exclusão de todas as demais. Ele encerra o seu conceito-advertência, neste passo de suas instruções, com o seguinte pensamento: "Assim, pois, afasta-se do seu objetivo toda reunião séria em que o ensino é substituído pelo divertimento. (...) Vão às sessões experimentais os que queiram ver; vão às reuniões de estudos os que queiram compreender." (*O Livro dos Médiuns,* item 327.)

5

OS OBJETIVOS E AS FINALIDADES

A Sociedade Parisiense de Estudos Espíritas, o primeiro Centro Espírita do mundo, legou à Humanidade uma tradição veneranda de reuniões mediúnicas sérias, podendo-se afirmar que ali foi o laboratório onde Allan Kardec conduziu os seus estudos, cotejou o que de todas as partes da Terra lhe chegava e fez a maior descoberta de todos os tempos: as leis que regem as relações entre o Mundo dos espíritos e o universo dos homens, criando uma nova ciência dentro da Ciência: a Espírita. Ele foi um predestinado, incumbido de aprofundar o bisturi da investigação para chegar às causas dos fenômenos espíritas e estabelecer as bases ético-morais das relações entre os homens e os Espíritos, criando um suporte para o avanço instrucional da Humanidade, que a partir dele se liberta do materialismo, ante a força das comunicações espíritas de qualidade, que demonstram a imortalidade e revelam a **Lei de Causa e Efeito**, reguladora dos destinos humanos na fieira das reencarnações.

Em sua época predominava a psicografia, dada a necessidade de se produzirem registros indeléveis, preservando as comunicações mediúnicas da fragilidade dos ouvidos humanos e dos riscos dos falsos depoimentos e das tendenciosas interpretações.

Mas ele terá a ocasião de anotar, comentando a importância e finalidade das comunicações: "A evocação dos Espíritos vulgares tem, além disso, a vantagem de nos pôr em contato com Espíritos sofredores, que podemos aliviar e cujo adiantamento podemos facilitar por meio de bons conselhos..." *(O Livro dos Médiuns, item 281),* descortinando um objetivo específico para as **reuniões instrutivas** quando assumissem um comportamento essencialmente terapêutico, o que, aliás, ele experimentou no âmbito de seu trabalho pioneiro, prenunciando o aspecto que tomariam as reuniões no futuro.

Esse aspecto terapêutico das reuniões mediúnicas instrutivas a Humanidade vivencia agora plenamente, especialmente no Brasil, para onde a árvore-mãe do Espiritismo foi transplantada sob a inspiração de Jesus. Isto se compreende porque sendo a Humanidade terrestre constituída predominantemente de almas enfermas, em conserto, é natural que todos se ajudem entre si, encarnados e desencarnados, a encontrar a cura das enfermidades de que estão afetados através da educação emocional para a qual os homens mal despertaram. Então, com este propósito, surgiu uma plêiade de médiuns psicofônicos ou de incorporação, por ser esta a forma mais adequada para estas relações terapêuticas entre os homens e os Espíritos. Imantando-se aos *médiuns falantes*, os desencarnados enfermos já recebem desses sensitivos o fluido benfazejo enquanto descarregam através deles energias negativas – choque anímico –, ensejando aos doutrinadores ou terapeutas espirituais aplicar-lhes terapias especializadas, a começar pela palavra de aconselhamento carregada de bons sentimentos.

A finalidade terapêutica das reuniões de certo modo representa a revivescência das tradições evangélicas, pois o próprio Jesus atendeu pessoalmente médiuns enfermos pela obsessão (o jovem lunático, na descida do Tabor, o gadareno possesso por Legião, Maria de Magdala e tantos outros), tendo conferido a seus discípulos autoridade sobre os Espíritos imundos para expulsá-los – desobsessão –, curar toda sorte de doenças – aplicação de bioenergia – e ressuscitar os mortos – exercício mediúnico de caráter instrutivo e desalienador –, conforme anotações de Mateus no capítulo 10 de seu evangelho, no qual se propõe, inclusive, uma ética para o exercício mediúnico: *"Dai de graça o que de graça recebestes"*.

A prática dessas reuniões ao longo do tempo, do advento do Espiritismo aos nossos dias, foi-se caracterizando em dois tipos: educação ou desenvolvimento e desobsessão.

Não existem diferenças estruturais significativas entre as reuniões de educação mediúnica e as de desobsessão, salvo no que tange à qualificação das equipes que atuam numa e noutra e à natureza dos Espíritos que são trazidos para socorro, uma coisa relacionada à outra. Nas reuniões de educação atuam basicamente médiuns novatos, inexperientes, em processo de formação, e a clientela espiritual é constituída de Espíritos sofredores de boa índole, recém-desencarnados ou não, apenas desambientados no Mundo espiritual para onde se transferiram sem estar preparados. Aproveitam-se os mentores espirituais desses casos menos críticos para adestrarem os médiuns, fazendo com que sirvam à Vida enquanto aprendem. Nas reuniões de desobsessão atuam médiuns adestrados e seguros, assistidos por dirigentes de grande valor moral e competência, do que se aproveitam os mentores para atender os casos mais difíceis, suicidas, as lancinantes dores, e, sobretudo, os Espíritos perversos e enlouquecidos pelo ódio que, por sofrerem, fazem sofrer, obsessores de caso pensado contra os homens de quem são vítimas, vítimas uns dos outros e de si mesmos, ou os inimigos da Humanidade, do bem e do Cristo.

Esses atendimentos somente podem ser conduzidos por médiuns adestrados, evangelizados e seguros – os bons médiuns, conforme a classificação do codificador (*O Livro dos Médiuns,* item 197) –, capazes de lidar com as energias deletérias emanadas desses Espíritos sem se perturbarem, ainda porque, tais Entidades, trazidas muitas vezes constrangidamente à comunicação, procuram retaliar, agredindo os próprios médiuns de que se utilizam, em tentativas de danificar o equipamento mediúnico de que são obrigados a se utilizar, à semelhança de vândalos enfurecidos e inconsequentes, quando não agindo como malfeitores calculistas e frios.

Nas reuniões de educação ou desenvolvimento mediúnico pode-se e deve-se colocar alguns médiuns adestrados e um dirigente experiente para agilizar o processo de crescimento do grupo. No seu *modus operandi*, admite-se que haja, durante a fase preparatória que antecede a prática propriamente dita, um tempo reservado para o estudo de disciplinas teóricas, cuja duração vai sendo progressivamente reduzida à medida que os médiuns vão se adestrando e a demanda dos Espíritos a serem socorridos na reunião vai aumentando, por interferência dos mentores espirituais, até se completar o programa de estudos planejado, quando ele será suspenso, passando a responsabilidade de continuar estudando à iniciativa pessoal, ou grupal, em outra ocasião. Desse momento em diante, o grupo vai-se aperfeiçoando, diversificando a natureza e complexidade dos atendimentos, transitando naturalmente para a característica desobsessiva, em conformidade com a média dos valores morais e do conhecimento doutrinário de seus membros. Advertimos, todavia, que o momento de um grupo passar a se envolver com a desobsessão não se dá por decreto humano, por iniciativa do dirigente ou do grupo; não tem qualquer valor afirmar-se: a partir de agora vamos fazer desobsessão, pois, se a equipe não estiver pronta, os mentores não darão apoio e o resultado da indisciplina e da presunção poderá redundar no desserviço das mistificações ou a obsessão instalando-se no próprio grupo, que vai ser contaminado pela doença que propôs combater.

Na obra *Trilhas da Libertação*, psicografia de Divaldo Pereira Franco, editada pela Federação Espírita Brasileira, no capítulo intitulado *A Luta Prossegue*,[19] estão anotados os conceitos confirmativos das assertivas ora expendidas: "*O labor de desobsessão é terapia avançada que exige equipes hábeis de pessoas e Espíritos adestrados nas suas realizações, de modo a se conseguir os resultados positivos esperados. Não raro, candidatos apressados e desaparelhados aventuram-se em tentames públicos e privados de intercâmbio espiritual, desconhecendo as armadilhas e a astúcia dos desencarnados, procurando estabelecer contatos e procedimentos para os quais não se encontram preparados, comprometendo-se desastradamente com aqueles aos quais pretendem doutrinar ou impor suas ideias.*"

19. 4ª ed. p. 291.

6

METODOLOGIA E PRINCÍPIOS GERAIS DE FUNCIONAMENTO

Apresentadas essas regras, importa saber as condições normativas e os princípios norteadores que podem assegurar a qualidade das comunicações e das terapias utilizadas, tornando a empresa exitosa.

Primeiro a **privacidade**, critério muito fácil de entender por tudo o que foi colocado antes sobre a influência do meio, homogeneidade, familiaridade e compromissos. Todas essas coisas ficariam sem sentido se se admitisse às reuniões pessoas estranhas, desconhecidas, sem formação doutrinária para entender, quiçá antagônicas ou vibracionalmente inconvenientes. A única garantia para evitar esses transtornos é a privacidade. Uma reunião classificada como instrutiva, séria e de finalidade terapêutica não se destina a fazer proselitismo, tem participantes comprometidos com os resultados, integrados no Centro Espírita, preparados com um mínimo de informações doutrinárias para entender o que nela se passa e progredir. Não tem plateia, doentes interessados em curar-se nem curiosos. Essa exigência é da tradição kardecista, pois o *Regulamento da Sociedade Parisiense de Estudos Espíritas* dispõe claramente em seu artigo

17: *"As sessões (...) nunca serão públicas."*[20] E o codificador, no diálogo que simula com um crítico, na obra *O que é o Espiritismo,* pressionado a dar permissão para que assistisse algumas reuniões, legisla: "*Instruí-vos primeiramente pela teoria.*"[21]

O **número de componentes será limitado** conforme os objetivos do trabalho, número de médiuns disponíveis, tamanho da sala, não havendo regras fixas nesse sentido, prevalecendo apenas as recomendações do mestre lionês de que nos grupos menores as probabilidades da harmonização são maiores.

O **tempo máximo de duração da reunião** deve ser de 90 minutos, incluindo a leitura preparatória.

A **regularidade** deve ser uma tônica. Sessões periódicas (semanais, quinzenais, conforme possibilidades e interesse do grupo), em dias e horários marcados e rigorosamente cumpridos, agradam aos bons Espíritos, que não estão à disposição dos caprichos humanos, mas interessados em compromissos que eles podem encaixar entre as suas muitas obrigações. Deve-se, portanto, evitar experimentos extemporâneos e de motivação ocasional, pois "*nada, porém, mais prejudicial às boas comunicações do que os chamar* (os Espíritos) *a torto e a direito, quando isso nos acuda à fantasia e, principalmente, sem motivo sério*", conforme apontamento de Allan Kardec. (*O Livro dos Médiuns,* item 333).

Ambiente harmonizado é outra condição importante para preservar o silêncio e a assepsia psíquica da sala das ex-

---

20. KARDEC, Allan. *O Livro dos Médiuns.* 61ª ed. Rio de Janeiro: FEB, 1995. p. 448.
21. KARDEC, Allan. *O que é o Espiritismo.* 37ª ed. Rio de Janeiro: FEB, 1995. p. 64.

periências. Nesse contexto, pode-se tomar alguns cuidados, tais como: projeto arquitetônico adequado, para colocar a sala num local de pouco trânsito; não programar, no dia das reuniões, muitas atividades simultâneas no Centro Espírita, a fim de diminuir o *frisson* das agitações emocionais; não realizar eventos na sala reservada para as reuniões, que não os identificados com os seus objetivos. Nesse ponto, o codificador foi bem específico ao propor, no seu PROJETO 1868, que o Estabelecimento Central teria uma peça para evocações particulares, espécie de santuário nunca profanado por outras ocupações, repetindo o que já havia colocado em *O Livro dos Médiuns*, item 282, parágrafo 16º: *"Quero dizer que um lugar consagrado às reuniões é preferível, porque o recolhimento se faz mais perfeito."*

As **comunicações espontâneas** são preferíveis nas reuniões instrutivas de caráter essencialmente terapêutico de que estamos tratando, se desejarmos uma qualidade sem restrições. Isso é o que nos têm passado os Espíritos que estão à testa do Movimento Espírita na atualidade das terras brasileiras. Esse critério é a única forma de dar liberdade aos guias espirituais, que detêm maior competência e conhecimento da situação, para programarem os Espíritos a serem trazidos para a reunião, o que farão conforme o mérito, as possibilidades de doação do grupo e a percepção de conjunto que detêm, infinitamente maiores do que a dos encarnados.

A preferência do método espontâneo em oposição ao das evocações se encaixa na compreensão de que as reuniões têm por objetivo atender diretamente aos desencarnados – aos encarnados atendem os encarnados através de passes, entrevistas e palestras de conscientização –, embora se canalizando os reflexos positivos dos atendimentos aos Espíritos para benefício dos homens, porém, de forma não clientelista, administrada pelos mentores encarregados por Jesus de aplicar a distribuição das misericórdias.

O propósito do estudo de que se devem revestir as reuniões será direcionado para a avaliação dos resultados, o que deverá ser feito periodicamente, utilizando-se um critério impessoal, ou seja, não focalizado para examinar em grupo o desempenho de cada um, mas a totalidade dos resultados, a eficiência das terapias, a harmonia do conjunto. Não fica, porém, sem tratamento o acompanhamento de cada um com relação ao seu progresso pessoal, pois que a autocrítica é estimulada com base em padrões de qualidade inerentes a cada função, os quais serão passados para o grupo juntamente com as disposições regimentais.

7

FUNÇÕES

Ajusta-se bem a comparação de uma equipe mediúnica a uma similar de saúde, dadas as semelhanças entre as funções de que se compõe cada uma delas. O dirigente é o legítimo representante no plano físico da Direção espiritual, recebendo, pela inspiração, as suas orientações, que transmitirá aos demais participantes como um professor dedicado, envolvendo a todos num clima de confiança, em face do tratamento equânime dispensado como um pai amoroso e gentil. Ele funciona como **chefe de uma equipe médica ou de terapias psicológicas** especializadas, supervisionando e também atuando com a sua arte-ciência de socorrer-dialogando com os Espíritos.

Quais **médicos assistentes ou terapeutas auxiliares**, funcionam ao lado do dirigente de dois a quatro doutrinadores, que têm a função de esclarecer os Espíritos, aconselhá-los e, simultaneamente, quando necessário, aplicar, em favor deles, as terapias especializadas da prece, do passe, da hipnose e da regressão de memória.

Depois viriam os médiuns ostensivos, intérpretes dos Espíritos, ensejando o seu diálogo com os doutrinadores, e porque imantados por essas Entidades, funcionam como **enfermeiros** especializados, doando-lhes energias saudáveis – à semelhança de transfusões tônicas ou medicamentos –, ou liberando-as de miasmas tóxicos – à semelhança de quem aplica drenos despressurizadores de tecidos e órgãos em recuperação. Os médiuns funcionam como primeiros e principais socorristas, razão por que deverão manter equilíbrio e serenidade para conter os impulsos desordenados das Entidades infelizes, conduta reta e hábito de se preparar com esmero para as sessões, o que, aliás, é dever de todos.

Por fim, uma quarta função, a daqueles que dão apoio, irradiando pensamentos positivos, ajudando mentalmente o dirigente e os doutrinadores através da prece, da meditação e do suprimento de energias biopsíquicas de que se utilizam os bons Espíritos para elaboração e distribuição de recursos terapêuticos. Essas pessoas funcionam como **auxiliares de enfermagem**, disponibilizando o material de trabalho e auxiliando no que for necessário. Muitas vezes, entre esses auxiliares, que não são plateia, afloram mediunidades ou grandes vocações para as tarefas do aconselhamento.

Retornamos à função do dirigente para assinalar algumas de suas importantes tarefas: orientar as leituras preparatórias, proferir as preces no início e no final da reunião, dirigir apelos de cooperação mental no transcurso da reunião para reequilibrar o padrão vibratório e a concentração, atender aos Espíritos, chamando para si os casos mais difíceis, distribuir o serviço dos doutrinadores, solicitar orientação dos mentores, orientar a equipe antes e após as reuniões, conduzir as avaliações, comentando as ocorrências principais que possam servir de estímulo e orientação.

Quanto aos doutrinadores, haverão de ser dóceis aos pensamentos dos bons Espíritos, emocionalmente empáticos, à semelhança de corações amigos que ouvem com paciência, e racionalmente como analistas criteriosos que socorrem.

8

ROTEIRO PARA A PRÁTICA

A reunião, embora um todo, pode ser vista como constituída das seguintes fases: **preparatória**, a iniciar com a chegada dos membros, que se adentrarão na sala em silêncio, permanecendo assim até o início da reunião, rigorosamente no horário regulamentado, quando se procede à leitura de pequenos textos de obras da Codificação, sem comentá-los, pelo período de 10 a 15 minutos. A finalidade da leitura é trazer a mente de todos, ainda presa às preocupações e afazeres diários, para os objetivos da reunião. Logo em seguida, faz-se penumbra na sala e profere-se a prece de abertura – que será breve – para a fase seguinte **de intercâmbio** espiritual. Nessa fase, os participantes, dentro de sua função, procurarão adotar uma postura mental condizente com este momento de convivência com os benfeitores espirituais, caracterizada pela atenção ou concentração, predispondo-se os médiuns para dar as passividades ordenada e equilibradamente.

Um bom entrosamento entre os médiuns deve existir para que aguarde, cada um, o momento certo de dar a comunicação, mantendo-se o número de comunicações simultâneas em torno de duas, esporadicamente três, isto porque não há necessidade de que um mesmo médium permita mais de duas comunicações em cada reunião. Esse entrosamento diz respeito também aos doutrinadores, para que se revezem ordenadamente, disciplinem o tom da voz e não se detenham além do necessário nos seus atendimentos, para não emperrarem o ritmo dos trabalhos. Concluída a pauta de atendimento aos sofredores, os mentores espirituais poderão dar mensagens de estímulo por psicofonia, o que prenuncia ter chegado ao final a fase de intercâmbio, passando-se à **de encerramento** com a prece do dirigente, enquanto os doutrinadores e médiuns passistas aplicam recursos coletivos em todos e fluidificam a água, para recompor as energias dos médiuns e assistentes. Após declaração de encerramento, faz-se luz plena no ambiente, passa-se às leituras de psicografias, aos comentários, quando necessários, que deverão ser breves, resumidamente, e todos se retiram em silêncio para as suas casas ou para outra sala onde se fará a avaliação do trabalho de intercâmbio espiritual.

9

PROCEDIMENTOS DE ORGANIZAÇÃO E FUNCIONAMENTO DAS REUNIÕES MEDIÚNICAS – REGIMENTO INTERNO

Para a elaboração deste Regimento, foi consultado o Regimento do Centro Espírita Caminho da Redenção, de Salvador, Bahia, do qual se adotou parte do conteúdo.

I – DOS PRINCÍPIOS NORTEADORES

A) **O Centro Espírita** (João Cléofas – obra: *Suave Luz nas Sombras*)

O Centro Espírita é uma célula viva e pulsante onde se forjam caracteres sob a ação enérgica do bem e do conhecimento.

Mais do que uma sociedade de criaturas encarnadas, é um núcleo onde se mesclam os seres desprovidos de carne com os mergulhados no envoltório físico, em intercâmbio que faculta a evolução no programa de amor e trabalho.

Escola – torna-se educandário graças ao qual a instrução alarga-se desde a geração de fenômenos educativos de hábitos para produzir discípulos conscientes da própria responsabilidade até cidadãos capacitados para a vida.

Oficina – onde se trabalham os sentimentos e se modelam os valores éticos, aos camartelos do sofrimento e da renovação, nas diretrizes que a caridade propõe como método depurativo e elevado.

Hospital – enseja as mais exclusivas terapêuticas para alcançar as causas geradoras do sofrimento, apresentando as ramificações das enfermidades e as expressões das dores morais, que devem ser transformadas em estado de saúde lenificadora.

Santuário – que se converte em altar de holocausto dos valores morais negativos e de soerguimento das virtudes, em intercâmbio saudável com o pensamento cósmico, mediante a oração, a concentração e a atividade libertadora.

Na sua polivalência, o Centro Espírita enseja o intercâmbio continuado de criaturas de um plano com o outro e, na mesma faixa de vibrações, estimula o desenvolvimento das mentes equilibradas construtoras da sociedade feliz do futuro.

Allan Kardec, fundando a Sociedade Espírita de Paris, estabeleceu ali, na *casa-mãe* do movimento nascente, o Centro ideal, para onde convergiam as aspirações, as necessidades, os problemas e objetivos de ordem espírita, a fim de serem examinados e bem conduzidos.

O Centro Espírita é o núcleo onde se caldeiam os sentimentos, auxiliando os seus membros a tolerarem-se reciprocamente, amando-se, sem o que, dificilmente, os que o constituem estariam em condições de anelar por uma sociedade perfeita, caso fracassem no pequeno grupo a que se aglutinam para o bem.

O Centro Espírita é, portanto, a célula ideal para plasmar a comunidade dos homens felizes de amanhã, oferecendo-lhes o contributo do respeito e da fraternidade, da atenção e do bem. Honrar-lhe as estruturas doutrinárias com a presença e a ação, pelo menos duas vezes por semana, é dever que todo espírita se deve impor, a benefício da divulgação da Doutrina que ama e que o liberta da ignorância.

B) **Reuniões sérias** (Os 5 passos de Manoel P. de Miranda – baseados na obra: *Nos Bastidores da Obsessão*)

As reuniões de qualquer natureza devem revestir-se do caráter elevado da seriedade (...).

Elegendo como santuário qualquer lugar onde se vivam as lições incorruptíveis de Jesus, o Espiritismo ensina que o êxito das sessões se encontra na dependência dos fatores-objetivos que as produzem, das pessoas que as compõem e do programa estabelecido.

Como requisitos essenciais para uma reunião séria, consideremos:

1) As intenções

Fundamentadas nos preceitos evangélicos do amor, do estudo e da aprendizagem, são as que realmente atraem os Espíritos superiores, sem cuja contribuição valiosa os resultados decaem para a frivolidade, a monotonia e não raro para a obsessão.

2) O ambiente

Não sendo apenas o de construção material, deve ser elaborado e mantido por meio de leitura edificante e da oração, debatendo-se os princípios morais capazes de criar uma atmosfera pacificadora, otimista e refazente.

3) Os membros componentes

Devem esforçar-se por manter os requisitos mínimos de conseguirem instruir-se, elevando-se moral, mental e espiritualmente, através do devotamento contínuo, incessante, para a fixação da ideia espírita de elevação que lhes deve tornar pauta de conduta diária.

4) Os médiuns

Semelhantemente aos demais participantes, são convidados ao policiamento interior das emoções, dos pensamentos, das palavras e da conduta, para se tornarem maleáveis às instruções de que porventura poderão ser instrumento. A faculdade mediúnica não os isenta das responsabilidades morais imprescindíveis à própria renovação e esclarecimento, pois que, mais facilmente, os Espíritos puros se aprazem de utilizar aqueles instrumentos dóceis e esclarecidos, capazes de lhes facilitarem as tarefas a que se propõem.

5) Os doutrinadores

Têm igualmente a obrigação de se evangelizar, estudando a Doutrina e capacitando-se para entender e colaborar nos diversos misteres do serviço em elaboração. Na mesma linha de deveres dos médiuns, não se podem descurar do problema psíquico da sintonia, a fim de estabelecerem contato com os diretores do plano espiritual que supervisionam os empreendimentos de tal natureza.

As reuniões espíritas são compromissos graves assumidos perante a consciência de cada um, regulamentados pelo esforço, pontualidade, sacrifício e perseverança dos seus membros.

C) **Fatores imprescindíveis ao labor em equipe**
(Os 11 passos de Manoel P. de Miranda – obra: *Grilhões Partidos* – Prolusão)

1) Harmonia de conjunto

Que se consegue pelo exercício da cordialidade entre os diversos membros que se conhecem e se ajudam na esfera do cotidiano.

2) Elevação de propósitos

Sob cujo programa cada um se entrega, em regime de abnegação, às finalidades superiores da prática medianímica, do que decorrem os resultados de natureza espiritual, moral e física dos encarnados e dos desencarnados em socorro.

3) Conhecimento doutrinário

Que capacita os médiuns e os doutrinadores, assistentes e participantes do grupo a uma perfeita identificação, mediante a qual se podem resolver os problemas e dificuldades que surgem, a cada instante, no exercício das tarefas desobsessivas.

4) Concentração

Por meio de cujo comportamento se dilatam os registros dos instrumentos mediúnicos, facultando sintonia com os comunicantes, adredemente trazidos aos recintos próprios para a assistência espiritual.

5) Conduta moral sadia

Em cujas bases estejam insculpidas as instruções evangélicas, de forma que as emanações psíquicas, sem miasmas infelizes, possam constituir plasma de sustentação daqueles que, em intercâmbio, necessitam dos valiosos recursos de vitalização para o êxito do tentame.

6) Equilíbrio interior dos médiuns e doutrinadores

Uma vez que, somente aqueles que estão com a saúde equilibrada estão capacitados para o trabalho em equipe (...). Não raro, em pleno serviço de socorro aos desencarnados, soam alarmes solicitando atendimento aos membros da esfera física, que se desequilibram facilmente, deixando-se anestesiar pelos tóxicos do sono fisiológico ou pela interferência da hipnose espiritual inferior, quando não derrapam pelos desvios mentais das conjecturas a que se aclimataram e em que se comprazem.

7) Confiança, disposição física e moral

Que são decorrentes da certeza de que os Espíritos, não obstante invisíveis para alguns, encontram-se presentes, atuantes, a eles se vinculando, mentalmente, em intercâmbio psíquico eficiente, de cujos diálogos conseguem haurir estímulos e encorajamento para o trabalho em execução.

Outrossim, as disposições físicas (...), pois não é possível manter-se uma equipe de trabalho dessa natureza utilizando-se companheiros desgastados, sobrecarregados, em agitação.

8) Circunspecção

Que não expressa catadura, mas responsabilidade, conscientização do labor, embora a face desanuviada, descontraída, cordial.

9) Médiuns adestrados, atenciosos

Que não se facultem perturbar nem perturbem os demais membros do conjunto, o que significa adicionar, serem disciplinados, a fim de que a erupção de esgares, pancadas, gritarias não transforme o intercâmbio santificante em algaravia desconcertante e embaraçosa; ter em mente que a psicofonia é sempre de ordem psíquica, mediante a concessão consciente do médium, através do seu perispírito, pelo qual o agente do Além-túmulo consegue comunicar-se.

10) Lucidez do preposto para os diálogos

Cujo campo mental harmonizado deve oferecer possibilidade de fácil comunicação com os instrutores desencarnados, a fim de cooperar eficazmente com o programa em pauta, evitando discussão infrutífera, controvérsia irrelevante, debate dispensável ou informação precipitada e maléfica ao atormentado que ignora o transe grave de que é vítima.

11) Pontualidade

A fim de que todos os membros possam ler e comentar em esfera de conversação edificante, com que se desencharcam dos tóxicos físicos e psíquicos que carregam, em consequência das atividades normais; e procurarem todos, como leciona Allan Kardec, ser cada dia melhor do que no anterior, de cujo esforço se credenciam a maior campo de sintonia elevada, com méritos para si próprios e para o trabalho no qual se empenham...

II – DA VINCULAÇÃO E SUBORDINAÇÃO DA ATIVIDADE

O conjunto formado por todas as reuniões mediúnicas da Casa deve se constituir um setor do Departamento de Assuntos Mediúnicos ou do Departamento Doutrinário, conforme a estrutura administrativa do Centro.

III – DOS OBJETIVOS E BENEFÍCIOS DAS REUNIÕES

A) Objetivos

1) Instrução dos participantes

Que se alcança através de reuniões instrutivas, "as em que se pode haurir o verdadeiro ensino (...)"; de reunião "séria que cogita de coisas úteis, com exclusão de todas as demais (...)"; de reuniões de estudo "de imensa utilidade para os médiuns de manifestações inteligentes, para aqueles que, sobretudo, seriamente desejam aperfeiçoar-se (...)". (*O Livro dos Médiuns*, itens 327 e 329.)

2) Erradicação da incredulidade

Através da constatação de que "o fim providencial das comunicações é convencer os incrédulos de que tudo para o homem não se acaba com a vida terrestre e dar aos crentes ideias mais justas sobre o futuro." (*O que é o Espiritismo*, capítulo II, item 50.)

3) Alívio dos Espíritos sofredores

Confirmando, na prática, que "a evocação (entenda-se manifestação) dos Espíritos vulgares tem, além disso, a vantagem de nos pôr em contato com Espíritos sofredores, que podemos aliviar e cujo adiantamento podemos facilitar, por meio de bons conselhos". (*O Livro dos Médiuns,* item 281.)

B) **Benefícios** (baseados na obra: *Temas da Vida e da Morte* – Manoel P. de Miranda – Psicografia de Divaldo P. Franco)

1) Para os membros do grupo socorrista:

– Melhor compreensão da Lei de Causa e Efeito.
– Exercício da fraternidade.
– Exercício da caridade anônima.
– Conquista de amigos no Mundo espiritual.

2) Para os desencarnados atendidos:

– Alívio aos seus sofrimentos através do *choque fluídico.*
– Possibilidade de cirurgias perispirituais, enquanto ocorre a psicofonia ou os processos socorristas mais específicos.
– Oportunidade de diálogo para os que não conseguem sintonizar com os benfeitores espirituais.

IV – DA ESTRUTURA E FUNCIONAMENTO

A) Equipe

O Setor será dirigido por um coordenador que terá suas atribuições definidas pelo coordenador do departamento a que esteja vinculado.

Cada grupo mediúnico contará com as seguintes funções:

1) **Dirigente**

2) **Médiuns doutrinadores** (também denominados médiuns esclarecedores)

3) **Médiuns ostensivos** (psicofônicos, psicógrafos, videntes e audientes)

4) **Médiuns de sustentação** (também chamados médiuns de apoio ou assistentes participantes)

5) **Médiuns passistas**

6) **Secretário**

B) Requisitos para admissão de membros

1) **Integração na Casa Espírita**

Ostentar a condição de espírita e trabalhador da Casa por sua dedicação, frequência assídua e sintonia com os seus objetivos.

2) **Conhecimento doutrinário**

Ter feito os cursos recomendados pela Casa ou possuir conhecimento equivalente.

3) **Compromisso com o estudo**

Estar comprometido moralmente com o estudo permanente dos postulados da Doutrina Espírita e do Evangelho.

4) **Não vinculação a reuniões mediúnicas de outras casas**

Que seja assim, preferentemente. Exceções a critério da coordenação do setor, ouvindo-se o dirigente.

5) **Prática do culto do Evangelho no Lar**

Ainda que o faça sozinho, no caso dos familiares não serem adeptos do Espiritismo e não desejarem acompanhá-lo.

6) **Indicação após formulação de pedido**

De posse dos requisitos anteriores, os componentes serão indicados ou selecionados (quando houver vagas) pelo dirigente do grupo, do departamento ou, ainda, pelos mentores espirituais, desde que se candidatem espontaneamente e por escrito.

C) Condições para afastamento:

1) **Absenteísmo**

Faltar a 3 reuniões consecutivas ou 5 alternadas sem causa justa ou sem dar aviso.

2) **Improbidade**

Falta moral grave ou comportamento social habitual incompatível com os objetivos do trabalho, a critério da coordenação do Setor, ouvido o dirigente, depois de esgotadas as tentativas para conscientizar o companheiro em desarmonia.

Observação: pode-se e deve-se acolher de volta o afastado, quando tiver cessado a causa que deu origem ao afastamento.

D) Da metodologia e condições gerais de funcionamento

1) **Privacidade**

Os grupos mediúnicos funcionarão de forma privativa, podendo-se admitir convidados, a critério do dirigente, quando houver motivos relevantes (treinamentos, trocas de experiências etc.).

2) **Duração prevista das reuniões**

Será, no máximo, de 90 minutos, compreendendo a parte preparatória e a prática.

3) **Número de componentes limitado**

A depender do tamanho e condições de espaço. No máximo, 20.

4) **Comunicações espontâneas**

Não deverá haver evocações, nem direta nem indiretamente.

Observação: considera-se evocação indireta a leitura de nomes de pessoas com a intenção de atrair Espíritos a elas vinculados.

5) **Regularidade das reuniões**

As reuniões devem primar pela regularidade (mesmo dia e local, mesma equipe e hora), evitando-se experiências extemporâneas e de motivação ocasional.

6) **Ambiente harmonizado**

As reuniões serão realizadas em condições tais que assegurem silêncio e harmonia vibratória.

7) **Critérios de avaliação das reuniões caracterizados pela impessoalidade**

As avaliações, quando marcadas, obedecerão ao critério da impessoalidade, estimulando-se, sempre, o desenvolvimento da autocrítica. Os participantes serão orientados quanto aos critérios específicos para avaliação individual, conforme a função.

E) Roteiro para a parte prática

1) **Fase preparatória:**

a) Através de leituras, com a duração de, no máximo, 15 minutos, sem comentários, de livros básicos da Codificação Espírita.

b) Os membros que chegarem antes do início da reunião poderão colocar, em local próprio, nomes de pessoas em favor das quais desejam a intercessão dos bons Espíritos.

c) Fechamento da porta, não dando acesso a mais ninguém, 8 minutos após iniciada a leitura, ou seja, na metade do tempo destinado à preparação.

2) **Prece**

Que primará pela concisão e simplicidade, não excedendo, a sua duração, um minuto e meio.

3) **Fase de intercâmbio mediúnico ostensivo**

Terá a duração em torno de 50 minutos.

Devem ser observadas pelos médiuns as seguintes atitudes:

a) Limitar o número de comunicações, por cada um, em 2 (duas) por reunião, controlando também o intervalo entre uma e outra.

b) Contribuir para que o número de comunicações psicofônicas simultâneas não ultrapasse o desejável, em conformidade com os seguintes critérios:

– Apenas 1 (uma) comunicação quando esta se apresentar em condições vibratórias graves, suscetíveis de pôr em risco a harmonia do ambiente e a concentração da equipe, fato que requer uma atenção diferenciada dela para com o médium, o doutrinador e o comunicante, no sentido de envolvê-los com reforço vibratório, acompanhando a terapia da palavra, transformando esse momento em oportunidade educativa para todos.

– Até 2 (duas) comunicações simultâneas quando se tratar de manifestações de Entidades obsessoras ou sofredoras em flagrante desequilíbrio. Nesses casos, o médium que estiver com outra Entidade em seu campo aguardará o término de uma das doutrinações para, então, entrar em ação.

– Até 3 (três) comunicações simultâneas no caso de manifestações mais brandas, geralmente de Espíritos sofredores, em busca de esclarecimento e consolação, atendidos pelo seguro e consciente controle do médium.

4) **Passes, vibrações e prece**

Concluída a fase de intercâmbio, o dirigente fará vibrações (irradiações mentais) pela paz, pelos enfermos, etc. e, em sequência, proferirá a prece de encerramento. Enquanto isso, os passistas, distribuídos pela sala da reunião, aplicarão coletivamente o passe em todos os membros do grupo, além de colaborarem na fluidificação da água.

5) **Leitura de psicografias**

Acesa a luz, as psicografias serão lidas, ainda que produzidas por médiuns inexperientes.

6) **Distribuição de água fluidificada**

Far-se-á para todos.

Observação: durante esse tempo, pode-se tecer breves comentários sobre a reunião, a critério do dirigente.

7) **Encerramento**

O dirigente declarará encerrada a reunião e todos sairão em silêncio.

8) **Avaliação da reunião**

De conformidade com a programação (atendendo a uma periodicidade), serão feitas avaliações, em outra sala, para onde se dirigirão os participantes, concluída a reunião.

Além da sistemática estabelecida no item (IV, D, 7), será estimulada a conversação edificante, principalmente a troca de impressões entre médiuns e doutrinadores.

V – DAS COMPETÊNCIAS E PAPÉIS

A) Do dirigente do grupo mediúnico:

1) Cumprir e orientar o cumprimento deste Regimento.

2) Acompanhar a frequência dos componentes do grupo.

3) Orientar a composição da mesa.

4) Designar, durante a reunião, o doutrinador que atenderá a cada Espírito comunicante.

5) Nomear entre os doutrinadores do grupo o seu substituto eventual.

6) Proferir a prece inicial e de encerramento da reunião.

7) Orientar a leitura das obras da Codificação, na fase preparatória da reunião.

8) Acompanhar, atentamente, o desenvolvimento dos trabalhos, registrando os casos que carecerão de orientações posteriores.

9) Doutrinar Espíritos sofredores e obsessores, vivenciando esse papel conforme as diretrizes exaradas nesse Regimento.

10) Incentivar a equipe durante a prática mediúnica, com apelos para o fortalecimento da concentração em momentos críticos da reunião.

11) Realizar diálogo fraterno com os componentes do grupo nos casos de faltas constantes, sem justificativas, comportamento inadequado e outras atitudes que requeiram sua interferência orientadora.

12) Estimular e acompanhar a integração e participação dos componentes do grupo nas atividades da Casa, sobretudo sua frequência semanal às reuniões de esclarecimento doutrinário.

13) Estimular os componentes ao estudo.

14) Promover a reflexão e a harmonização dos pensamentos, coibindo os comentários inconsequentes, a prolixidade e a polêmica.

15) Obter, sempre, aquiescência prévia dos orientadores espirituais da Casa ou dos responsáveis encarnados acerca da inclusão de novos componentes no grupo, bem como no caso de afastamentos.

16) Reportar-se à coordenação a que esteja vinculado para dar informações sobre o trabalho do grupo, bem como zelar para que as diretrizes propostas pela mesma sejam aplicadas.

B) **Do médium doutrinador** (baseados na obra *Suave Luz nas Sombras* – Espírito João Cléofas – Psicografia de Divaldo P. Franco)

Em sua tarefa de esclarecer os Espíritos e dispensar-lhes as terapias necessárias, adotar as seguintes atitudes:

1) Ser dúctil ao pensamento dos instrutores espirituais da tarefa.

2) Permanecer em vigília para acompanhar as várias patologias da clientela desencarnada que vem em busca de socorro.

3) Ser o coração amigo que ouve, o analista que socorre e a mão gentil que conduz.

4) Ouvir, a fim de melhor penetrar na gênese da enfermidade, adotando postura semelhante à da anamnese médica, após o que é aplicada a terapia conveniente.

5) Não adotar a pretensão de converter, evitando expressões que não venham a ser entendidas pelo cliente.

6) Ser o amor sábio que agasalha e que conduz, sem muita exigência e discussão.

7) Na ação da terapia do despertamento junto aos irmãos sofridos do Além-túmulo, não esquecer a paciência, que é a grande modeladora dos caracteres.

C) **Do médium ostensivo** (baseados na mensagem *Requisitos para o Médium Seguro.* Obra: *Intercâmbio Mediúnico* – Espírito João Cléofas – Psicografia Divaldo P. Franco)

1) **Equilíbrio**

Sem uma perfeita harmonia entre a mente e as emoções, dificilmente consegue, filtro psíquico que é, coar a mensagem que provém do Mundo maior.

2) **Conduta**

Não fundamentada a vida em uma conduta de austeridades morais, só mui raramente logra, o intermediário dos Espíritos, uma sintonia com os mentores elevados.

3) **Concentração**

Após aprender a técnica de isolar-se do mundo externo para ouvir interiormente e sentir a mensagem que flui através das suas faculdades mediúnicas, poderá conseguir, o trabalhador honesto, registrá-la com fidelidade.

4) **Oração**

Não exercitando o cultivo da prece como clima de serenidade interior, ser-lhe-á difícil abandonar o círculo vicioso das comunicações vulgares para ascender e alcançar uma perfeita identificação com os instrutores da Vida melhor.

5) **Disposição**

Não se afeiçoando à valorização do serviço em plena sintonia com o ideal espírita, compreensivelmente, torna-se improvável a colheita de resultados satisfatórios no intercâmbio medianímico.

6) **Humildade**

Escasseando o autoconhecimento, bem poucas possibilidades o médium disporá para uma completa assimilação do ditado espiritual, porquanto, nos temperamentos rebeldes e irascíveis, a supremacia da vontade do próprio instrumento anula a interferência das mentes nobres desencarnadas.

7) **Amor**

Não estando o Espírito encarnado aclimatado à compreensão dos deveres fraternos em nome do amor que desculpa, do amor que ajuda, do amor que perdoa, do amor que edifica, torna-se, invariavelmente, medianeiro de Entidades perniciosas com as quais se compraz afinar.

D) **DO MÉDIUM DE SUSTENTAÇÃO:**

1) Evitar olhar com curiosidade para os médiuns, no decorrer das comunicações, mesmo que identifiquem estar a eles dirigindo-se a Entidade comunicante. Em lugar de fixar o companheiro, deve intensificar suas preces e vibrações.

2) Jamais adotar qualquer atitude – inclusive aplicação de passes – em relação aos médiuns incorporados, a menos que, para tanto, seja solicitado pelo doutrinador ou pelo dirigente da reunião.

3) Participar dos trabalhos através da mentalização, concentração e meditação, ou mesmo cooperando mentalmente com o doutrinador, enviando-lhe mensagens que o auxiliem para que encontre a diretriz segura na orientação a ser ministrada ao comunicante.

4) Manter-se em atitude receptiva, porque a manifestação mediúnica pode irromper a qualquer momento, em qualquer pessoa, não necessariamente com caráter obsessivo, mas também em caráter inspirativo, positivo.

5) Aproveitar a reunião para meditar, acompanhando as comunicações em vez de se deixar envolver pelo cochilo, mantendo severo controle, além de convicta atitude oracional para auxiliar o comunicante, penetrando o seu problema. Alguns embaraços do doutrinador podem ser decorrência não só do próprio despreparo, como também da falta de cooperação mental do grupo, que, não estando sintonizado, deixa de oferecer os meios para uma boa ligação mental com os mentores e com a Entidade comunicante.

6) Acompanhar atentamente as comunicações. A função do assistente, portanto, é de grande relevância, fazendo um trabalho de manutenção mental que facilita as comunicações, auxiliando, por sua vez, o desempenho do médium e do doutrinador.

7) Colaborar com as suas emissões positivas no transcorrer das comunicações. Da sua mente devem sair recursos energéticos para o trabalho anestésico em benefício do paciente desencarnado.

E) Do médium passista:

1) No transcurso da fase de intercâmbio, aplicar bioenergia por solicitação do dirigente da reunião.

2) No final da reunião, na fase das vibrações, aplicar passes coletivos nos membros da equipe, em associação com os demais médiuns passistas.

F) Do secretário

Esta função é de caráter administrativo e pode ser exercida por qualquer membro do grupo indicado pelo dirigente. Suas atribuições são:

1) Elaborar o cadastro dos membros do grupo.

2) Anotar a frequência dos participantes do grupo, colocando-a à disposição do dirigente.

3) Anotar os nomes de convidados, nas datas correspondentes.

4) Anotar os trechos lidos e programar as leituras da reunião seguinte, de acordo com a orientação do dirigente.

5) Fazer registros, à margem do livro de frequência, de fatos marcantes, muito especiais na vida do grupo.

6) Fazer ata da reunião quando for implantado nela algum projeto de pesquisa ou em ocasiões especiais, a critério do dirigente.

VI – DAS DISPOSIÇÕES GERAIS

A) Não é recomendável conversa antes e mesmo após o encerramento da reunião, no recinto da sala dos trabalhos.

B) Esclarecimentos podem ser solicitados ao dirigente do grupo mediúnico, mas no momento apropriado.

C) Nos dias das reuniões, recomenda-se:

1) Alimentação equilibrada, leve e moderada.

2) Evitar aborrecimentos, ou executar tarefas que provoquem agitação.

3) Sempre que possível, fazer um breve repouso antes de se dirigir à reunião.

4) É incompatível o exercício simultâneo da função de médium ostensivo com a de doutrinador.

10

BIBLIOGRAFIA

KARDEC, Allan. *O Livro dos Médiuns*. 61. ed. Rio de Janeiro: FEB, 1995.

_____. *O que é o Espiritismo*. 37. ed. Rio de Janeiro: FEB, 1995.

FRANCO, Divaldo Pereira; MIRANDA, Manoel Philomeno de [Espírito]. *Trilhas da Libertação*. 4. ed. Rio de Janeiro: FEB, 1998.

Projeto Manoel Philomeno de Miranda. *Reuniões Mediúnicas*. 6. ed. Salvador: LEAL, 2000.

_____. *Vivência Mediúnica*. 4. ed. Salvador: LEAL, 2000.

_____. *Qualidade na Prática Mediúnica*. 1. ed. Salvador: LEAL, 2000.

_____. *Terapia pelos Passes*. 5. ed. Salvador: LEAL, 2000.

Este livro foi impresso na
LIS GRÁFICA E EDITORA LTDA.
Rua Felício Antônio Alves, 370 – Bonsucesso
CEP 07175-450 – Guarulhos – SP
Fone: (11) 3382-0777 – Fax: (11) 3382-0778
lisgrafica@lisgrafica.com.br – www.lisgrafica.com.br